教育评估文库

简明基础教育评价常用词语汇释

JIANMING JICHU JIAOYU PINGJIA
CHANGYONG CIYU HUISHI

上海市教育评估院　组织编写

陈效民　主编

高等教育出版社·北京
HIGHER EDUCATION PRESS BEIJING

内容简介

本书主要收集了与基础教育质量保障和教学评估等相关的词汇若干条，分为评价基础理论、评价方法技术、基础教育学校评价实践、中等职业教育评价、实践探索与理念发展等部分，并附有词汇英译、参考文献、索引。由于中等职业教育与基础教育联系紧密，故本书选取了中等职业教育领域中的部分常用词条。希望本书能为推进教育评估的理论研究与实践工作发挥积极的参考作用。

本书读者对象主要是教育管理和研究工作者以及各类教育质量保障与评估机构工作人员。对教育评估感兴趣的教师和学生也可将本书作为案头方便实用的参考书。

图书在版编目（ＣＩＰ）数据

简明基础教育评价常用词语汇释／陈效民主编；上海市教育评估院组织编写． －－ 北京 ： 高等教育出版社，2012.3

（教育评估文库）
ISBN 978-7-04-033651-1

Ⅰ．①简… Ⅱ．①陈…②上… Ⅲ．①基础教育-教育评估-名词术语 Ⅳ．①G632.0-61

中国版本图书馆CIP数据核字(2012)第011954号

策划编辑	姚云云	责任编辑	廖肇源	封面设计	王 雎	版式设计	马敬茹
责任校对	刁丽丽	责任印制	田 甜				

出版发行 高等教育出版社	咨询电话 400-810-0598
社　　址 北京市西城区德外大街4号	网　　址 http://www.hep.edu.cn
邮政编码 100120	http://www.hep.com.cn
印　　刷 北京嘉实印刷有限公司	网上订购 http://www.landraco.com
开　　本 787mm×1092mm 1/16	http://www.landraco.com.cn
印　　张 10.25	版　　次 2012年3月第1版
字　　数 120千字	印　　次 2012年3月第1次印刷
购书热线 010-58581118	定　　价 23.50元

本书如有缺页、倒页、脱页等质量问题，请到所购图书销售部门联系调换
版权所有　侵权必究
物　料　号　33651-00

《教育评估文库》编委会

主　任　张伟江
委　员　王　奇　张民选　江彦桥
　　　　陈效民　陈玉琨　冯　晖

《简明基础教育评价常用词语汇释》编写组

组　　长　陈效民
副 组 长　冯　晖
成　　员　叶令仪　郭朝红　查正和　汪建华
　　　　　俎媛媛　严　芳　杨　琼　黄丹凤
　　　　　方　乐　李　钰　朱　丽　杨长亮
　　　　　胡　兰　陈滔宏

建立科学的教育评估理论

——《教育评估文库》总序

在人类发展的长河中,教育出现之际,教育评估也伴之而生。其评估不外乎由家庭、社会、政府或是由受教者、育人者、专家学者作为,或是对学生、教师、设施、课程等的微观性评估,或是对教育过程、教育内容、教育效果、教育策略等的宏观性评估。其范围之广与教育步步相应,就评估本身而言,又涉及评估标准、评估人员、评估方法、评估技术、评估结果、评估自身估计等诸多内容,并涉及了许多学科和技术。但评估不外乎是运用各种合理的手段对教育的各方面进行评估,以发现优良之举,找出不足之处,继而以公布排名、分级或评估分析报告的形式让公众知晓,以供选学之用;让教育方得知,以改进教学;让政府了解,以供决策之依据。

教育的重要性决定了人们对教育评估的关注度。目前,世界上许多国家都有专门的评估机构,国际上还成立了国际高等教育质量保障组织联盟(INQAAHE),亚太地区也成立了教育质量保障组织联盟(APQN),每年召开会议研讨教育评估的开展。

教育管理结构科学化决定了世界上大部分国家和地区教育管理和服务的"1+3"形式,即政府教育主管部门加上教育科学研究、教育评估和教育考核。我国许多省市自20世纪90年代中期开始就形成了这样的科学框架,并发挥了很好的作用。

教育本身的开放性和当今国际交流的发展要求每个国家和地区的教育要参与到相应的国际活动中去,并提出有水平的建议,共同提高教育水平。教育评估也是如此。

上海市教育评估院成立于2000年,其前身是成立于1996年的上海市高等教育评估事务所。现在,上海市教育评估院已发展为拥有基础教育评估所、职成教评估所、高等教育评估所、医学教育评估所和综合教育事务评估所五大评估所的从事各级各类教育评估的专门机构。为适应教育评估的发展与提升,上海市教育评估院除了参与评估、参与国内外交流外,还意在教育评估的理论和应用研究上建立更系统的内涵,于是决定出版《教育评估文库》。

《教育评估文库》是教育评估理论和应用研究成果的汇集,它包含了教育评估的基础内容,如《中国教育评估史》等一系列著作;也包括了涉及教育评估应用技术的汇编,如"教育评估标准"、"教育评估规程"等;还包括教育评估的专业理论,如"跨境教育认证"等;并涉及了评估本身评价的《教育评估的可靠性研究》等著作;当然也可包含对境外著作的翻译。总之,它涉及了教育评估的基础理论、专业基础、专业科学、应用技术等多个方面,我们期望有更多的研究成果,不断丰富文库。

《教育评估文库》将是众多学者的知识贡献,我们非常热忱地欢迎各方学人参与文库建设,共同托起教育评估的辉煌。

教育犹如奔腾不息之江,前浪不止,后浪又涌;教育又如连绵的山脉,一峰才登,又见高山。作为一名教育人,为此事业而奉献,无限欣慰;为此而建树,无上光荣。人们将永远感谢为教育而为的人,当然也包括为教育评估而为的人。以此为序,愿教育评估成功!

张伟江
2009年3月

目 录

一、评价基础理论 ······ 1

1. 基本概念 ······ 1

教育观（Educational views）······ 1
人才观（Concept of talent）······ 1
学生观（Concept of student）······ 2
学习观（Concept of learning）······ 2
知识观（Concept of knowledge）······ 3
教育评价观（Views of educational evaluation）······ 3
教育质量观（Views of educational quality）······ 3
学校教育制度（School education system）······ 4
教育价值（Educational value）······ 4
教育目的（Educational objective）······ 4
教育目标（Educational goal）······ 5
教育方针（Educational guideline）······ 5
教育效益（Educational effectiveness）······ 5
教育质量（Educational quality）······ 6
价值判断（Value judgment）······ 6
教育质量保障（Educational quality assurance）······ 6
基础教育质量监测（Elementary education quality monitoring）······ 7
教育利益相关者（Educational stakeholder）······ 7
教育评价（Educational evaluation）······ 8
教育评估（Educational assessment）······ 8
认证（Accreditation）······ 8
审核（Audit）······ 8

元评价(Meta-evaluation) …………………………………… 8
教育评价原则(Educational evaluation principle) ……………… 9
教育评价功能(Educational evaluation function) ……………… 9
教育评价主体(Agent of educational evaluation) ……………… 9
教育评价客体(Object of educational evaluation) ……………… 10
教育评价方案(Educational evaluation scheme) ……………… 10
教育评价计划(Educational evaluation plan) ………………… 10
教育评价实施(Educational evaluation implementation) ……… 10
教育评价信息(Educational evaluation information) …………… 11
教育评价结果(Educational evaluation result) ………………… 11
教育评价结论(Educational evaluation conclusion) …………… 11
教育评价报告(Educational evaluation report) ………………… 12
教育评价档案(Educational evaluation file) …………………… 12
教育评价模式(Educational evaluation model) ………………… 12

2. 常用评价模式 …………………………………………… 12
CIPP 模式(CIPP model) …………………………………… 12
CSE 模式(CSE model) ……………………………………… 13
对手评价模式(Adversary evaluation model) ………………… 14
鉴赏评价模式(Connoisseurship evaluation model) …………… 14
交互评价模式(Transactional evaluation model) ……………… 14
决策定向评价模式(Decision-oriented model) ………………… 14
目标游离模式(Goal-free model) …………………………… 15
品德评价模式(Morality evaluation model) …………………… 15
司法评价模式(Judicial evaluation model) …………………… 15
斯塔克模式(Stake model) …………………………………… 15
泰勒模式(Tyler model) ……………………………………… 16
消费者导向模式(Consumer-oriented model) ………………… 16
应答模式(Responsive model) ………………………………… 16

3. 常用评价类型 …………………………………………… 17
诊断性评价(Diagnostic evaluation) …………………………… 17
形成性评价(Formative evaluation) …………………………… 17
总结性评价(Summative evaluation) …………………………… 17

外部评价(External evaluation) ·················· 18
内部评价(Internal evaluation) ·················· 18
绝对评价(Absolute evaluation) ·················· 18
相对评价(Relative evaluation) ·················· 19
合格评估(Qualification assessment) ·············· 19
选优评估(Selective assessment) ·················· 19
遴选评估(Screening assessment) ················· 20
自我评价(Self-evaluation) ······················· 20
同行评价(Peer evaluation) ······················· 20
社会评估(Social assessment) ····················· 20
政府评估(Administrative assessment) ············· 20
网上评估(Online assessment) ···················· 21
通信评估(Assessment via correspondence) ········· 21
试点评估(Pilot assessment) ······················ 21
整体评价(General evaluation) ···················· 21
常态评估(Routine check) ························ 22
需求评估(Demand assessment) ··················· 22
个体内差异评价(Intra-individual evaluation) ······· 22

二、评价方法技术 ····································· 23

1. 评价方法 ······································· 23

考试(Examination) ····························· 23
测验(Test) ···································· 23
标准化测验(Standardized test) ·················· 23
教育测量(Education measurement) ··············· 24
统计(Statistics) ······························· 24
常模(Norm) ··································· 24
抽样(Sampling) ······························· 25
评价量表(Evaluation scale) ····················· 25
双向细目表(Two-way checklist) ·················· 25
信度(Reliability) ······························ 26
效度(Validity) ································ 26

区分度（Discriminability） ………………………… 26
模糊评价（Fuzzy evaluation） ……………………… 26
人工神经网络评价（Artificial neural network evaluation） ……………………… 27
替代性评价（Alternative evaluation） ……………… 27
定量方法（Quantitative method） …………………… 27
定性方法（Qualitative method） ……………………… 28
特尔斐法（Delphi method） …………………………… 28
目标分解法（Target decomposition method） ……… 28
头脑风暴法（Brainstorming method） ……………… 28
微格评价法（Micro-evaluating method） …………… 29

2. 标准、指标 …………………………………… 29

基准（Benchmark） …………………………………… 29
评价基准（Evaluation benchmark） ………………… 29
标准（Standard） ……………………………………… 29
评价标准（Evaluation standard） …………………… 29
指标（Indicator） ……………………………………… 30
评价指标（Evaluation indicator） …………………… 30
刚性指标（Rigid indicator） ………………………… 30
柔性指标（Flexible indicator） ……………………… 30
指标权重（Indicator weight） ………………………… 30
指标量化（Indicator quantification） ………………… 31
绩效指标（Performance indicator） ………………… 31

3. 评价流程环节 ………………………………… 31

调查（Investigation） ………………………………… 31
访谈（Interview） ……………………………………… 31
座谈（Focus group discussion） ……………………… 32
观课（Classroom observation） ……………………… 32
说课（Oral interpretation of teaching） ……………… 32
问卷（Questionnaire） ………………………………… 32
轶事记录（Anecdotal record） ……………………… 32
现场考察（On-site visit） …………………………… 33
行动观察（Behavior observation） …………………… 33

课堂观察（Classroom observation） …………………………… 33

三、基础教育学校评价实践 ……………………………………… 34

1. 教育督导 ……………………………………………………… 34
　　督导条例（Supervision regulation） ………………………… 34
　　督导制度（Supervision system） …………………………… 35
　　督导评估（Supervision assessment） ……………………… 35
　　督导报告（Supervision report） ……………………………… 36
　　督学（Education inspector） ………………………………… 36
　　督政（Educational administration supervision） …………… 36
　　教学视导（Teaching inspection） …………………………… 37
　　专项督导（Specific supervision） …………………………… 37
　　教育公建配套（Public educational facility for community）… 37
　　教育公用经费（Public funding for education） …………… 38
　　生均经费（Expenditure per student） ……………………… 38
　　教育水平（Education level）………………………………… 38
　　师生比（Student-teacher ratio） …………………………… 38
　　毕业率（Graduation rate）…………………………………… 39
　　合格率（Rate of qualified graduates） ……………………… 39
　　流失率（Dropout rate）……………………………………… 39
　　升学率（Promotion rate） …………………………………… 40
　　入学率（Enrollment rate）…………………………………… 40
　　毛入学率（Gross enrollment rate） ………………………… 40
　　学区（School district） ……………………………………… 40
　　择校（School selection） …………………………………… 41
　　就近入学（Enrollment according to the school district） … 41

2. 学校整体评价 ………………………………………………… 41
　　办学理念（School-running philosophy） …………………… 41
　　办学目标（Objective of school-running） ………………… 42
　　办学模式（Model of school-running） ……………………… 42
　　办学条件（Conditions of school-running） ………………… 42
　　办学水平（School-running level）…………………………… 42

v

办学特色(School-running characteristics) …………………… 43
教育资源(Educational resource) …………………………… 43
学校管理(Management of school) …………………………… 43
学校发展规划(Development plan of school) ………………… 43
校园文化(Campus culture) …………………………………… 43
生涯规划教育(Career design education) …………………… 44
家校合作(Cooperation between family and school) ………… 44
课业负担(Schoolwork load) ………………………………… 44
办学水平评估(Assessment for school-running) …………… 44
学校定位评估(Assessment for school orientation) ………… 45
学校风险评估(School risk assessment) …………………… 45
公办学校(Public school) …………………………………… 45
民办学校(Private school) …………………………………… 46
转制学校(Converted school) ……………………………… 46
双语学校(Bilingual school) ………………………………… 46
外籍人员子女学校(School for children of foreign nationals in China) …… 46
接收外国学生学校(School admitting foreign children) …… 47
国际部(International division) ……………………………… 47
保教结合(Integration of care and education) ……………… 48
区域活动(Corner activity) …………………………………… 48
自然角(Natural corner in kindergarten) …………………… 48
专用活动室(Special function room) ……………………… 48
游戏(Game for children) …………………………………… 49
玩教具(Edutainment toy) …………………………………… 49
随班就读(Learning in regular class) ……………………… 49
普特融合(Fusion of regular and special education) ……… 49

3. 学生评价 ………………………………………………… 50

基于观察的评价(Observation-based evaluation) ………… 50
综合素质评价(Comprehensive quality evaluation) ……… 50
学生参与式评价(Evaluation with student participation) … 50
儿童成长记录(Record of children's development) ……… 51
(电子)档案袋评价[Evaluation by (electronic) portfolio] … 51

超常儿童(Gifted child) …… 51
智障儿童(Mentally challenged child) …… 52
创造性思维(Creative thinking) …… 52
发散性思维(Divergent thinking) …… 52
批判性思维(Critical thinking) …… 52
创造性学力(Creative learning competence) …… 53
发展性学力(Developmental learning competence) …… 53
基础性学力(Basic learning competence) …… 53
创新能力(Innovative ability) …… 53
实践能力(Practical ability) …… 54
智力因素(Intelligence factor) …… 54
非智力因素(Non-intelligence factor) …… 54
认知能力发展水平(Development level of cognitive ability) …… 54
学业水平(Learning level) …… 55
知识结构(Knowledge structure) …… 55
学习投入度(Input in learning) …… 55
学习产出(Output in learning) …… 55
学习习惯(Learning habit) …… 55
合作学习(Cooperative learning) …… 56

4. 教师评价 …… 56

兼任教师(Part-time teacher) …… 56
专任教师(Full-time teacher) …… 56
奖惩性教师评价(The teacher evaluation system for accountability) …… 57
校长职级制(Ranking system for principal) …… 57
学习共同体(Learning community) …… 57
校本研修(School-based study) …… 57
教师教育标准(Standards for teacher education) …… 58
教师人格魅力(Personality charm of teacher) …… 58
教师职业道德(Professional ethics of teacher) …… 58
教师职业倦怠(Occupational boredom of teacher) …… 58
教师专业发展(Professional development of teacher) …… 58
教师专业技术职称(Professional title of teacher) …… 59

教师资格(Teacher qualification) ·· 59
教师自我效能感(Teacher's perceived self-efficacy) ······················ 59
教学能力(Teaching ability) ··· 60
教育机智(Pedagogical tact) ·· 60
5. 课程评价 ··· 60
基础教育课程改革(Basic education curricular reform) ··············· 60
一期课改(The first round of curricular reform) ·························· 61
二期课改(The second round of curricular reform) ····················· 62
两纲教育(Life education and national spirit education) ············· 63
双基教育(Education for basic knowledge and skill) ·················· 63
课程标准(Curricular standard) ··· 64
课程化环境(Environment as part of a curriculum) ····················· 64
课程计划(Curriculum planning) ·· 64
课程开发(Curriculum development) ··· 65
课程领导力(Curriculum leadership) ··· 65
课程执行力(Curriculum enforcement) ·· 65
课程评价(Curriculum evaluation) ··· 65
课程实施(Curriculum implementation) ······································· 65
课程整合(Curriculum integration) ·· 66
边缘课程(Peripheral curriculum) ·· 66
核心课程(Core curriculum) ··· 66
活动课程(Activity curriculum) ·· 67
课外活动(Extracurricular activities) ··· 67
基础型课程(Basic curriculum) ·· 67
拓展型课程(Extensive curriculum) ··· 67
研究(探究)型课程(Research-based curriculum) ······················· 68
显性课程(Explicit curriculum) ·· 68
隐性课程(Implicit curriculum) ·· 68
校本课程(School-based curriculum) ·· 69
学科课程(Subject curriculum) ·· 69
园本化课程(Kindergarten-based curriculum) ···························· 69
综合课程(Comprehensive curriculum) ······································· 69

高中国际课程(Senior high school international curriculum)……70
教学大纲(Syllabus)……71
教学反馈(Teaching feedback)……71
教学方法(Teaching method)……71
教学模式(Teaching model)……72
教学设计(Teaching design)……72
教学效果(Teaching effect)……72
教学效率(Teaching efficiency)……72
课堂教学评价(Classroom evaluation)……73
案例教学(Case teaching)……73
场景教学(Contextual teaching)……73
模拟教学(Simulation teaching)……73
微格教学(Microteaching)……74
项目教学(Project-based teaching)……74

四、中等职业教育评价

中等职业教育(Secondary vocational education)……75
职业培训(Vocational training)……75
中等专业学校(Technical secondary school)……76
职业高中(Vocational high school)……76
高级技工学校(Technical senior school)……76
成人中等专业学校(Adult technical secondary school)……77
职教中心(Vocational education center)……77
国家级重点中等职业学校(National key secondary vocational school)……77
国家中等职业教育改革发展示范学校(Demonstration schools of
　　national reform and development in secondary vocational education)……78
就业导向(Employment orientation)……78
能力本位(Competency-based)……78
校企合作(School-enterprise cooperation)……79
职教集团(Vocational education group)……79
订单培养(Order-based training)……80
工学结合(Work-integrated learning)……80

顶岗实习(Post internship) ································· 80
双证融通(Double-certificate integration) ··············· 81
中高职贯通培养(Integrated training of secondary and higher
　　vocational education) ································· 81
专业目录(Program/Specialty directory) ················· 81
专业(Program/Specialty) ································· 82
专业(技能)方向(Specialization) ························· 82
专业布局(Specialty planning) ··························· 82
专业结构(Specialty/Program structure) ················· 83
专业群(Specialty grouping) ······························ 83
专业教学标准(Specialty-specific teaching standard) ··· 84
公共基础课程(General required course) ··············· 84
专业核心课程(Specialty core course) ··················· 84
专门化方向课程(Specialty-specific course) ············· 85
实训课程(Training course) ······························ 85
能力本位课程(CBC)(Competency-Based Course) ··· 85
双元制课程(Dual-script system course) ················ 86
三明治课程(Sandwich course) ··························· 86
MES 课程(MES course) ································· 87
职业生涯教育(Career education) ························ 87
专业课教师(Specialty course teacher) ··················· 87
公共基础课教师(General education course teacher) ··· 88
实践指导教师(Practice guidance teacher) ·············· 88
外聘(兼职)教师[External(part-time)teacher] ······ 88
专任(专职)教师(Full-time teacher) ··················· 89
双师型教师(Dual-qualified teacher) ····················· 89
专业(学科)带头人(Discipline leader) ················· 89
职业(Profession) ··· 89
职业资格证书(Professional qualification certificate) ··· 90
职业技能鉴定等级(Level of professional skill appraisal) ··· 90
岗位(Post) ·· 90
岗位群(Post group) ······································ 91

实习(Internship) ·· 91
实验(Experiment) ··· 92
实训(Training) ··· 92
实训基地(Training base) ·· 92
实训室(Training room/Simulant teach room) ·································· 92
实训模块(Training module) ··· 93
实训工位(Training location) ·· 93

五、实践探索与理念发展 ·· 94

1. 教育理念与改革实践 ·· 94

教育公平(Educational equality) ··· 94
教育问责(Educational accountability) ·· 94
义务教育均衡发展(Even development of compulsory education) ······ 94
高中教育多样化发展(Diversification of senior high school education) ······ 95
成功教育(Success education) ··· 95
国际理解教育(Education for international understanding) ··············· 96
理解教育(Understanding education) ·· 96
全纳教育(Inclusive education) ··· 96
生命教育(Life education) ·· 97
民族精神教育(National spirit education) ······································ 97
愉快教育(Happy education) ·· 97
新基础教育(New basic education) ·· 98
新教育实验(New education experiment) ······································· 98
素质教育(Quality-oriented education) ·· 99
应试教育(Exam-oriented education) ·· 99
多元智能理论(Multiple intelligences theory) ································ 100
建构主义学习理论(Constructivist learning theory) ······················· 100
情境学习理论(Contextual learning theory) ·································· 100
全面质量管理(Total quality management) ··································· 101
人本主义学习理论(Humanist learning theory) ····························· 101
学习型组织(Learning organization) ·· 101
终身学习(Lifelong learning) ·· 102

2. 评价理念与探索实践 ·················· 102
表现性评价(Behavior evaluation) ·················· 102
多元化评价(Multiple evaluation) ·················· 103
发展性评价(Development-oriented evaluation) ·················· 103
绩效评价(Performance evaluation) ·················· 103
学校绩效评价(Evaluation of school performance) ·················· 103
增值评价(Value-added evaluation) ·················· 104
真实性任务评价(Real task evaluation) ·················· 104
国际数学与科学评价项目(TIMSS)(Trends in International Mathematics and Science Study) ·················· 104
教育部基础教育质量监测项目(National quality evaluation program of basic education) ·················· 105
国际学生评估项目(PISA)(Program for International Student Assessment) ·················· 106
世界教育促进联盟(AdvancED)(Advancing excellence in education worldwide) ·················· 106

参考文献 ·················· 108
中文索引 ·················· 113
英文索引 ·················· 127
后记 ·················· 141

评价基础理论

1. 基本概念

教育观(Educational views)

教育观是指人们对教育及其与其他事物关系的看法,是对教育的本质、目的、功能、体制、内容、方法、教师和学生等教育要素及其属性和相互关系的认识,以及由此派生出的对教育的作用、功能、目的等各方面的看法。教育观受一定的政治、经济制度和生活水平等制约,并受意识形态、文化传统和科学技术等影响,具有历史性和时代性,在阶级社会中常带有阶级性。各种教育观通过教育论著、教育决策或教育实践表现出来。不同人的教育观带有个体认识差异的特点。

人才观(Concept of talent)

人才观是关于人才的根本观点和总的看法,是关于人才的观念体系,既包含对人才的本质、价值、规律、地位和作用等问题的基本观点,也包括人才发现、培养和使用中所持的具体观念和态度。

从不同的视角看待人才观,可以从以下几方面进行分类:从人才的素质规格出发的道德本位人才观、知识本位人才观和能力本位人才观、全面人才观等,从人才的职业取向出发的专才人才观、通才人才观,基于多元智能的人才观,从人才的社会需要出发的资本性人才观、资源性人才观、大人才观和泛人才观等。

学生观(Concept of student)

学生观是关于学生的本质属性和特征的基本观念体系。具体而言,指教师对学生的基本认识和看法,是教师对教育对象的地位、主体性、独特性、情感和特点等方面的基本认识和根本态度。它是直接影响教育活动的目的、方式和结果的重要因素,对教师的教学目标、价值取向、教育态度、教育情感、教育行为、教师的自我成长和学生的发展产生着决定性的影响。学生观包括学生的生命观、发展观、潜能观、差异观、权利观、地位观、评价观等内容。学生观的差异是导致教学效果差异的重要因素,确立正确的学生观是教育活动取得理想效果的根本保证。

学习观(Concept of learning)

学习观指的是对学习问题的总的、根本的看法,包括对学习的目的、学习的内容和学习的方法等的态度和看法。有什么样的学习观,就会有什么样的学习方式、学习策略、学习行为和学习效果。对学习观的认识,主要起源于心理学家们对学习的研究,心理学界对于学习本质问题的探讨,是心理学研究的最核心问题,其中有代表性的观点是建构主义学习观和人本主义学习观。建构主义学习观认为学习是一种意义建构的过程,是一种个体根据自身已知的经验和知识对于外部事物和现象建构解释的过程;人本主义学习观则突出学习者的中心地位,偏重于人格的完满和学习者主体性的发挥等方面,关于学习内容,不仅要学习知识,还要学习如何做人、如何生存。构建以人为本的学习观则是在"以人为本"的时代精神的指引下,将学生作为学习的主体和价值实现者,在社会文化的影响下,自主、能动、创新地学习如何做人、如何学习和如何生存。

知识观(Concept of knowledge)

知识观即人们对知识的态度、认识、理解与看法,包括知识的本质观、价值观和习得观等。知识观是学校教育中进行教学设计、实施教学活动的前提和假设,对知识的认知与辨析,在很大程度上影响着人们如何对待、思考教育教学。现代知识观认为,从本质上讲,知识内在于人的主观创造,是基于客观性上的主观构建;知识是一个开放的生态系统,知识与社会政治、经济、文化之间有着广泛而丰富的生态关系;知识是一个动态的发展过程,是主体在实践的基础上对无限发展着的客观世界的动态认识。因此,确立内在、开放、动态的知识观对于教学改革意义重大。

教育评价观(Views of educational evaluation)

教育评价观是关于教育评价的根本观点和总的看法,涉及如何看待教育评价的问题。评价主体的教育评价观对评价目的、评价内容、评价方法与技术有极大的影响。

教育质量观(Views of educational quality)

教育质量观是对教育质量的基本观点和态度,既包括对教育质量的本质、规律、地位等问题的基本观点,也包括对教育质量的评价与指导的基本看法。它影响着开展教育管理、组织和实施教育教学工作的具体方法和手段,有什么样的教育质量观,就有什么样的教育质量。科学的教育质量观,应体现以人为本,把促进人的全面发展、适应社会需要作为衡量教育质量的根本标准;科学的质量观要求改革教育评价机制,探索多元、有效的评价手段和方法,科学的质量观是动态发展的质量观,质量标准要与时俱进。

学校教育制度(School education system)

学校教育制度简称学制,是在一定社会制度及生产力发展水平制约下,依照国家教育目标、方针和政策建立起来的各级各类学校的体系。学校教育制度规定着各级各类学校的性质、任务、入学条件、修业年限以及学校之间的相互关系。《中华人民共和国教育法》规定,国家实行学前教育、初等教育、中等教育、高等教育的学校教育制度。

教育价值(Educational value)

教育价值是指教育活动对个人或社会的意义或作用,是人们有意识地掌握、利用、接受及享有教育时,对教育活动有用性和有效性的看法和评价。教育价值有个体价值和社会价值之分,前者指的是教育是否满足个体发展的需要,后者指的是教育是否满足社会发展的需要。教育价值有内在价值和外在价值之分,前者强调教育对受教育者需要的满足,教育价值体现在教育过程中;后者强调教育功能对受教育者发生作用之后,对社会需要的满足,教育价值体现在教育过程之后。

教育目的(Educational objective)

教育目的是教育的总目标,规定了把受教育者培养成什么样的人的根本性质问题。它是教育工作的出发点和归宿,是确定教育任务、建立教育制度、选择教育内容、组织教育过程以及检查和评价教育效果的依据。教育史上对教育目的有两个方面的论述:一是社会本位论,从社会需要来认定教育目的;二是个人本位论,从个体发展来确定教育目的。马克思主义认为,要用唯物辩证法的观点,把个体的发展放在一定的社会历史范围内去考察,从社会需要和人的发展两个方面来确定教育目的。教育目的是教育评价的总依据。

教育目标(Educational goal)

教育目标是对教育目的在不同层次的教育类型中更加具体、更加明确、更富有针对性的表述。主要有三层含义:(1)教育的总目标,是对教育目的的细化,是远期目标;(2)教育事业发展目标,描述了近期教育事业发展的目标;(3)各级各类学校、各专业的具体培养要求。教育目标是教育行为的准绳,对教育过程起到行为导向作用。在进行教育评价的过程中,教育目标的达成度是考量的重要标准之一。

教育方针(Educational guideline)

教育方针是国家或政党在一定历史阶段提出的有关教育工作的总方向和总指针,是教育基本政策的总概括。它是确定教育事业发展方向、指导整个教育事业发展的战略原则和行动纲领。教育方针的内容包括教育的性质、地位、目的和基本途径等。不同的历史时期有不同的教育方针;相同的历史时期因侧重不同,教育方针的表述也会有所不同。党的十七大报告指出,要"坚持育人为本、德育为先,实施素质教育,提高教育现代化水平,培养德智体美全面发展的社会主义建设者和接班人,办好人民满意的教育"。

教育效益(Educational effectiveness)

教育效益是指教育对社会所产生的效果和利益。教育效益可分为经济效益和非经济效益两种类型。经济效益是指通过教育投资生产出一定质量和数量的劳动力,这些劳动力在生产过程中提高了劳动生产率,为社会经济发展带来的利益;非经济效益是指教育所培养出来的各种劳动力进入经济社会各个领域后,对政治、经济、文化和社会发展所起的积极作用。教育效益也可分为直接效益和间接效益。直接效益包括社会受教育人口的文化素质、劳动素质、社会意识、身体素质等的提高;间接效益指不直接反映在受教育者个人或社会层面的效果和利益,比如教育对解决就业、经济转型、人口计划生育等问题产生的效益。

教育质量(Educational quality)

教育质量是对某地区或某学校教育水平高低和效果优劣的评价。它最终体现在某阶段学校培养对象的质量是否达到了相应阶段的培养目标要求,是衡量一个学校或一个地区教育发展水平的核心要素。在全面教育质量观的指导下,可以从三个纬度考察教育质量:一是学生纬度,即教育质量体现在学生全面协调发展上;二是知识纬度,即教育质量体现在学生对学习内容的掌握程度上,如考试成绩;三是教学工作纬度,即教育质量体现在教师教学工作的状况和水平上。因此,除了对培养对象质量进行评价外,对教育质量的评价还要综合考察学校的教师教学水平、教育管理、校园环境等方方面面,要由政府、学校和社会共同参与。

价值判断(Value judgment)

价值判断是指某一特定的客体对特定的主体有无价值、有什么价值、有多大价值的判断,是一种思维过程。它是价值关系在人们头脑中的反映。现代教育评价的本质特征,是对教育活动、教育过程和教育结果进行价值判断,是评价者在教育价值观支配下,根据搜集的评价信息,经过思维加工,对评价对象的价值作出主观判断的过程。在教育评价过程中,评价者的价值取向具有决定作用。

教育质量保障(Educational quality assurance)

教育质量保障是为保证和提高教育质量而进行的有计划、有组织、有系统的评价、控制和改进的活动,用以确定教育机构或组织所提供的教育、学术水平和质量控制机制得到了保持和提升,以此保证教育质量的稳定性。它的核心在于建立教育质量标准,确立学校本位的教育质量观和教育质量控制机制。从实施主体上划分,教育质量保障分为外部质量保障和内部质量保障。外部质量保障即教育机构外部的组织根据一定的标准和程序对其教育和学术水平及其质量控制机制等进行评价的活动,可分为政府的审核、同行的认证和社会的评估等不同类型;内部质量保障指教育机构自身开展的各层次的质量保障活动和学校各方面、各领域、各要素质量保障所构成的立体网络,通过这些活动和网络进行质量管理、质量控制和自我评估。构建教育质量保障体系就是要将外部与内部质量保障两者相结合。

基础教育质量监测(Elementary education quality monitoring)

基础教育质量监测是国家有关教育测量部门与机构以国家颁布的法律法规以及基础教育课程改革标准为依据,采用科学的监测方法,充分开发并利用有关教育统计及信息资源,准确获取我国基础教育的质量状况,为政府的教育决策提供依据的一系列工作。目的在于引导家长、学校和社会树立正确的教育观,促进儿童、青少年的健康发展。监测的主要对象为我国基础教育阶段所有学校及其在校学生的教育状况。现阶段我国基础教育质量监测的重点领域包括学生的思想品德和公民素养、学生的身体和心理健康水平、学生的学业水平和学习素养、学生的艺术素养、学生的实践能力和创新意识以及影响学生发展的教育环境与社会环境。

教育利益相关者(Educational stakeholder)

教育利益相关者是指与学校教育教学活动有利益关系的个人或群体,它不仅包括影响学校的管理目标和教育目标实现的个人和群体,还包括在目标实现过程中影响到的个人和群体。根据利益关系的重要性划分,主要的利益相关者是政府、学校举办者和教师、家长和学生、学校所在社区等。

教育评价（Educational evaluation）

教育评价是指根据一定的教育目标，按照一定的评价标准，在对教育活动及其相关因素进行系统分析的基础上，就教育活动满足社会和个体需要的程度作出判断的特殊认识活动。教育评价有三个特征：教育评价必须依据一定的标准；教育评价是一个系统分析的过程，即必须作出事实判断；教育评价的本质是作出价值判断。

教育评估（Educational assessment）

教育评估是对教育活动、教育过程及教育效果进行价值判断的过程，是通过围绕既定的教育目标建立科学的指标体系，系统地收集信息并采取定性、定量分析的方法，对教育活动的功效及工作状态进行的评定和判断。

认证（Accreditation）

认证是一种评估模式，是对学校整体或具体项目是否达到一定资质的最低质量标准的专业认定，从而决定是否授予具有一定有效期的资格；认证是一个周期性持续进行的过程，包括自我评估和同行评估两方面的内容；认证一般由非政府的专业机构实施，目的在于质量保障、问责和改进。

审核（Audit）

审核是一种评估模式，是指对教育机构或项目的质量保障体系完整性和有效性的核查过程，贯穿目标、计划、实施和结果等各个环节。审核的对象一般具有较强的自治能力，审核的结果用于问责。

元评价（Meta-evaluation）

元评价是将具体的评价项目的评价方案置于受评者的位置，

根据评价标准,通过系统的评价过程,对原评价活动和评价者表现的优缺点作出评判。元评价的评判对象包含原评价方案的规划、设计、实施、资料收集分析、报告和结果使用等环节。

教育评价原则(Educational evaluation principle)

教育评价原则是依据对教育评价规律的认识而确定的,教育评价主体必须遵循的行为准则,对教育评价活动具有普遍指导意义。教育评价原则可分为一般性原则和某一方面工作应遵循的原则。前者主要包括方向性原则、科学性原则、可行性原则、民主性原则和激励性原则等,后者包括教育评价指标体系设计的可测性原则、选用教育评价方法的定性与定量相结合原则等。教育评价原则具有客观性和主观性相统一、理论性与实践性相统一、稳定性与发展性相统一的特点。

教育评价功能(Educational evaluation function)

教育评价功能是指教育评价所具有的功效和能力。教育评价功能由教育评价系统的内部机制和机构决定,通过教育评价活动作用于评价对象而体现出来。教育评价功能随着评价思想的发展而不断拓展,经历了管理性功能、服务性功能和发展性功能的相继变革,主要表现为导向、改进、激励、教育、调控、预测、管理、交流等功能。基于特定的评价目的,评价活动会侧重发挥某种评价功能。

教育评价主体(Agent of educational evaluation)

教育评价主体是指参与评价活动的组织与实施,按照评价标准对评价客体进行评价活动的组织或个人。评价主体的多元化是教育评价的一个重要发展趋势。随着政府评价、社会评价和学校(教师、学生)自我评价等各类评价的不断发展,评价主体逐步由政府的教育行政部门和督导部门拓展至教育评价中介机构、行业组织、用人单位、学术组织、新闻传媒等社会评价组织及学校、教师和学生。

教育评价客体（Object of educational evaluation）

教育评价客体即被评价的对象，涵盖整个教育领域中的各种教育因素和教育现象，可以是特定的区域、单位或学校、教师与学生的群体或个人，也可以是某种教育政策和教育现象。随着内部质量保障与自我评价重要性的日益凸显，学校、教师和学生等教育教学活动的决策者、实施者与接受者由原先的评价客体逐步转变为评价主体。

教育评价方案（Educational evaluation scheme）

教育评价方案是依据一定的评价目的，根据教育活动和评价活动的一般规律，对评价的内容、范围、方法、手段和程序等方面加以规范的基本文件。评价方案一般包括如下内容:(1)评价的目的和指导思想;(2)评价主体与客体;(3)评价的内容(通常以指标体系和概括性问题的形式呈现，是评价方案设计的核心内容);(4)评价的方法和工具;(5)评价实施程序;(6)评价经费预算等。评价方案应具有目的性、科学性和可操作性。在方案制定过程中，应通过广泛的参与、协商和论证，获得各利益相关方的认可。

教育评价计划（Educational evaluation plan）

教育评价计划是指由教育行政机关等政府部门发出的关于开展教育评价工作的规定性文件，通常包括评价工作的目的、评价对象、评价内容、评价程序和时间安排等。

教育评价实施（Educational evaluation implementation）

教育评价实施是教育评价组织实施阶段的简称，是教育评价方案转化为实践活动的关键环节。评价实施的主要工作是运用各种现代教育评价的方法、技术和手段,通过多种渠道与形式,客观全面地收集评价信息,并依据评价标准对评价对象作出科学的评价。评价实施通常分为自我评价和专家评价两个步骤。评价的主体和客体对评价目的的认识是影响评价实施的重要因素。

教育评价信息(Educational evaluation information)

教育评价信息是评价者依据评价目标、内容和指标体系,运用多种评价技术和方法,逐项收集的关于评价对象的各种数据、文字、图片、音频、视频等信息。收集评价信息的主要方法有观察法、调查法、文献资料法、谈话法、问卷法、测试法等,应根据各项指标的不同内涵和要求加以选择。对评价信息进行全面、客观、有效的收集和处理是作出科学评价结论的基础。

教育评价结果(Educational evaluation result)

教育评价结果是评价人员依据教育评价指标体系收集整理相关信息,对照自我评价和专家评价的资料,在对各指标要素进行定量和定性分析的基础上,对评价对象达到预定目标的程度作出的综合判断。为保证评价结果的真实有效,需对其进行可靠性和有效性检验。

教育评价结论(Educational evaluation conclusion)

教育评价结论是在对评价对象所获得的教育评价结果进行解释的基础上所得出的综合意见。不同性质的评价有着不同的解释标准。如,相对评价中以评价对象群体的平均水平为参照点解释评价对象在群体中的相对位置,绝对评价中以某种预定的目标为参照点解释评价对象的绝对位置,个体内差异评价中以评价对象自身发展变化为参照点解释评价对象的发展水平。评价结论应在对评价对象作出综合判断的基础上,对评价对象的优缺点进行系统分析和评论,以充分发挥评价的导向和改进等功能。

教育评价报告(Educational evaluation report)

教育评价报告是有关评价工作的组织实施、评价结果及例证、评价结论及改进建议等内容的书面陈述。评价报告通常由评价主体组织撰写,在撰写过程中需和利益相关方进行充分沟通与协商。评价报告是教育行政部门判断相关教育工作质量并作出决策的依据,同时也为评价客体改进相关工作提供指导。

教育评价档案(Educational evaluation file)

教育评价档案是指在教育评价过程中形成的有关评价工作、评价信息及评价结论的各种文字、图表、声像等资料,具体包括评价计划、评价方案、评价报告、评价总结以及各种原始会议记录、访谈记录、问卷和基础数据等。此类资料具有保存和收藏价值,可供今后查证、比较和参考使用。

教育评价模式(Educational evaluation model)

教育评价模式是某种教育评价类型的基本理论与方法的总体概括和框架式描述,包括评价的前提条件、基本范围、结构功能、主要内容、大体程序和方法以及评价主体与评价对象之间的关系等。

2. 常用评价模式

CIPP 模式(CIPP model)

CIPP 模式是美国评估学者斯塔弗尔比姆(D. L. Stufflebeam)于 20 世纪 60 年代提出的一种评估模式。该模式以决策为中心,将背景(Context)、输入(Input)、过程(Process)和结果(Product)四类评价结合起来。具体评价时,首先根据社会发展需要和评价对象特点等对教育目标本身进行评价,即背景评价。其次,对教育方案、计划的可行性进行评价,也就是对实现目标所需要的条件和可能获得的条件的评价,即输入评价。再次,对教育方案、计划的实施过程进行评价,探索教育方案和计划实施过程中的潜在问题,并寻求解决办法,以修改方案,即过程评价。最后,通过对方案实施结果的评价,判断目标的实现程度,即结果评价。这种评价模式重视对目标的评价,弥补了泰勒模式的不足,使确立的目标更加符合社会发展的需要,切合实际。可以说,CIPP模式是对泰勒提出的行为目标评价模式的发展。

CSE 模式(CSE model)

CSE 模式是由美国加利福尼亚大学洛杉矶分校评估研究中心(Center for Study of Evaluation,简称 CSE)开发的一种教育评估模式。CSE 评估模式包括四个步骤,即需要评定、方案计划、形成性评估、总结性评估。基本内容如下。第一阶段:需要评定。其核心问题是确定教育的目标,主要是为决策者设定目标而服务的,也就是问题的选择。第二阶段:方案计划。其主要的工作目的是对各种可供选择的计划进行评价,并在各种方案中选择一个能够满足教育需要的最优化的计划,又称为计划的选择阶段。第三阶段:形成性评估。这一阶段的评价主要是确定所实施的计划是否与原定计划相一致,通过发现计划在教育过程中的成功与不足之处,随时修正某些偏离目标的地方,以保证目标的达成度,这一阶段又称为计划的修正阶段。第四阶段:总结性评估。这一阶段主要是对教育方案实施效果,即教育目标实现程度作出全面的评价和相应的判断,判断之后,对所评价的计划是推广、保留、修正还是放弃作出最终选择,这一阶段又称为计划的批准或采纳阶段。CSE评估是一种较为实用的评估模式,在课程评估中得到了广泛运用。

对手评价模式(Adversary evaluation model)

对手评价模式亦称反向评价模式,由欧文斯(T. Owens)等人在20世纪70年代提出,是一种参照法庭审议形式的评价模式。该模式主张让持不同意见或相反观点的评价者共同参与对教育方案、教育活动的评判和衡量,有利于决策层充分而全面地掌握正反两方面意见,通过争论,弄清真伪,得出正确的结论。

鉴赏评价模式(Connoisseurship evaluation model)

鉴赏评价模式是由美国学者艾斯纳(E. Eisner)提出并倡导的一种评价模式。该模式将美学鉴赏的观念引入教育评价领域,主张用艺术鉴赏的态度、方法和品质等从整体上来看待复杂的教育现象,进行教育评价。该模式强调评价专家需要有丰富的教育教学实践经验,并形成高超的鉴赏能力。

交互评价模式(Transactional evaluation model)

交互评价模式亦称相互影响评价模式。该评价模式强调评价对象之间的相互评价也是评价的重要组成部分,目的在于推动评价对象之间相互学习和借鉴,获得一些单一评价主体难以获得的信息,从而使评价结果更加真实。

决策定向评价模式(Decision-oriented model)

决策定向评价模式是以决策为导向的评价模式,主张评价信息采集和分析服务于决策的需要。从功能上看,该评价模式的主要作用是向决策者提供信息,评价内容、方法由决策者决定。因此,决策定向评价模式实际上是决策中可能用到的评价模式的统称。

目标游离模式（Goal-free model）

目标游离模式产生于20世纪60年代，由美国教育家和心理学家斯克里文（M. Scriven）提出。教育活动除了收到预期的效应外，还会产生各种"非预期效应"，或者叫"副效应"。因此，斯克里文认为目标评价很容易使评价人受方案制定者所确定的目的的限制，评价活动重点应由方案想干什么"转移到"方案实际干了什么。这一评价模式最大的特点，是主张评价中重要的准则并非方案应当满足其目的的程度，而是方案能够满足确实需要的程度。该评价模式注重对教育活动非预期性效果的评价，评价依据是教育活动参与者所取得的实际成效。严格地说，目标游离模式不是一种完善的评价模式，它没有完整的评价程序。

品德评价模式（Morality evaluation model）

品德评价模式是通过对品德评价要素及其相互关系和实施步骤等进行系统分析和多次实践检验与改进，逐步形成的相对稳定的完成某一品德评价任务的行为步骤与组合。

司法评价模式（Judicial evaluation model）

司法评价模式是20世纪70年代初形成的一种借鉴法庭辩论进行教育评价的模式。其主要特点是倾听不同的观点和解释，从而使评价证据形式更加规范和严谨，评价结果更加可靠。

斯塔克模式（Stake model）

斯塔克模式是1967年由美国教育评估学者斯塔克（R.E.Stake）提出的一种评价模式。该模式是一种动态反应式的评价，主张评价人员站在评价对象的立场思考问题，全方位、多角度地了解和分析评价对象。

泰勒模式(Tyler model)

泰勒模式又称行为目标模式,是美国著名教育评估学家泰勒(R. W. Tyler)于20世纪30年代提出的一种教育评估模式,以后在教育评估实践过程中不断完善。泰勒模式的基本特点是以目标为中心或以目标为导向,把教育方案的目标表示为一系列可测量的学生行为,并把这一行为目标当作从事教育活动和进行教育评价的主要依据。教育评价就是判断实际教育活动达到预期教育目标的程度,再通过信息反馈,促进实际工作尽可能逼近目标。泰勒模式是教育评估史上第一次提出和应用的较为成熟的评估模式,其基本思想对后来的教育评估思想和实践的发展产生了深远的影响。

消费者导向模式(Consumer-oriented model)

消费者导向模式是由美国教育家和心理学家斯克里文(M. Scriven)于20世纪60年代提出的。该模式是一种以消费者需要为中心的评价模式。这里的"消费者"可以是教育活动的参与者或受教育者。评估者不应只是判断预定目标是否达成,更要关注所达成的目标对消费者是否有价值以及价值的大小。

应答模式(Responsive model)

应答模式又称响应模式或相互作用模式,由美国教育评估学者斯塔克(R. E. Stake)于20世纪70年代首先提出。该模式以教育方案的利益关系人共同关心的问题为中心。这种评价模式强调采用非正式的观察、访谈和描述性分析的自然主义方法与有关各方接触,了解他们的愿望,从中发现并找出人们所关注的重要问题,然后把它同实际活动进行比较,对教育方案和计划作出修改,对大多数人的愿望作出应答,以使其尽力满足各方的需要。这种评价模式强调价值观的多元性和发散性。

3．常用评价类型

诊断性评价（Diagnostic evaluation）

诊断性评价是指通过对被评对象核心要素的测评,对其现状、问题以及成因进行价值评判的过程。其目的是为了了解评价对象的基础和水平,分析影响评价对象发展的因素,明确未来实施和改进教育活动的方案,以保证教育活动的顺利与成功。诊断性评价的主要特点是前置性,即这种评价多在教育活动开始时进行,常被应用于教学评价中,如各学年、各学期或某个教学阶段开始前。随着教育评估实践活动的丰富与发展,诊断性评价的应用范围日趋广泛。

形成性评价（Formative evaluation）

形成性评价又称过程评价或学习中评定,最早是由美国哈佛大学的斯克里文（M. Scriven）在 1967 年提出来的。形成性评价是指在教育活动过程中,为了了解教育结果以及教育活动方案的进展,及时发现问题并即时调整和改进教育活动而进行的一种价值判断活动。其主要特点是关注过程,重视问题揭示的及时性,改进完善的灵活性以及反馈调控的科学性。形成性评价多用于课程编制和教学领域。自 20 世纪 80 年代以来,随着全球教育质量保障运动的兴起,形成性评价应用的范围越来越广,已扩展到整个学校教育领域。同时,重视形成性评价也已成为当代教育评价的发展趋势。

总结性评价（Summative evaluation）

总结性评价又称终结性评价或学习后评定。同形成性评价一样,它最早是由美国哈佛大学的斯克里文（M. Scriven）在 1967 年提出来的。总结性评价是对一定时段内的教育活动进行整体的、全面的价值评判。其目的是对这一时段内教育活动的有效性、教育目标的达成度等进行系统总结与分析,甄别优劣,鉴定分等,为各级教育决策提供参考依据。总结性评价的特点是后置性,关注结果,并对未来发展的可能性进行预测。总结性评价最初广泛应用于课程和教学领域,后来逐步扩展到学校教育的方方面面。

外部评价(External evaluation)

外部评价与内部评价相对应,又称他人评价。它是从评价实施主体的空间角度来划分的一种评价类型。外部评价是指由被评对象以外的主体依据一定的评价标准对被评对象所实施的评价。外部评价建立在被评对象自我评价或内部评价的基础上,其目的是增强评价结果的客观性和公正性,避免评价的主观片面性。如对于学校而言,政府或社会专业性机构对学校教育进行的评价就属于外部评价。

内部评价(Internal evaluation)

内部评价与外部评价相对应,又称自我评价。它是从评价实施主体的空间角度来划分的一种评价类型。内部评价是指由被评对象内部的相关主体依据一定的评价标准自行组织实施的评价,其目的是为了加强内部的自我认识、自我反馈、自我改善与自我提高。内部评价是外部评价的基础,内部评价与外部评价的有效结合是提高评价质量与效果的重要方式之一。

绝对评价(Absolute evaluation)

绝对评价是从评估参照标准的角度划分的一种评价类型,与相对评价相对应,又称目标参照评价或目标达到度评价。绝对评价是指以某一预定的客观标准为依据,确定被评对象达到这一客观标准绝对位置的程度。绝对评价具有两大特征:第一,绝对评价的标准独立于被评对象集合之外,与被评对象群体的实际水平无关;第二,绝对评价不以区分个体之间的差异为目的,只反映被评对象达到了哪些既定目标、何种程度。绝对评价的缺点是难以确定评价标准客观性的质的临界点。将绝对评价与相对评价相结合,使两者形成相容互补的关系是现代教育评价理论的发展趋势。

相对评价(Relative evaluation)

相对评价是从评估参照标准的角度划分的一种评价类型,与绝对评价相对应。相对评价是指以被评对象集合内部的平均水平或标准为参照,确定被评对象在集合中的相对顺序或位置的过程。相对评价有两大特征:第一,评价标准来自被评对象集合内部,与被评对象所在集合的状态和实际水平密切相关;第二,相对评价是以区分被评对象集合内个体间的差异为目的,注重排序和等级。由于相对评价是通过内部的相互比较而实现的,具有较强的竞争性和集合内部的适用性,因此非常适用于以鉴别和选拔为目的的评估。相对评价的缺点是评价标准的内部局限性和低客观性,容易导致忽视目标的完成情况,不利于被评对象的整体规划和全面发展。将绝对评价和相对评价结合起来是现代教育评价实践的重要发展趋势。

合格评估(Qualification assessment)

合格评估是一种鉴定评估客体是否符合所制订标准及其要求的评估,评估结论通常分为合格、暂缓通过和不合格三种。合格评估一般可分为整体性合格评估和单项合格评估。学校的办学水平、办学条件、办学质量等的合格评估属于整体性合格评估,而学科、教师、实验室等的合格评估属于单项合格评估。

选优评估(Selective assessment)

选优评估是指以鉴别择优、促进竞争为目的的评估,旨在促进教育质量提高和保持竞争活力。选优评估一般可分为整体性选优评估和单项选优评估,学校整体办学水平选优评估属前者,而同类学校学科或实验室等选优评估属后者。

遴选评估(Screening assessment)

遴选评估是指按照一定的评估标准或指标体系,在一定的范围内根据一定的评估程序遴选出一定数量的评估对象的评估,通常以选优评估或淘汰评估的形式出现。

自我评价(Self-evaluation)

自我评价是评价主体以自身作为评价客体的一种评价,根据主体不同,可分为个体自我评价和群体自我评价两类。如校长、教师的自我评价为个体自我评价,而学科、学校的自我评价则为群体自我评价。

同行评价(Peer evaluation)

同行评价是指同类型学校、同一学科(专业)、任教同一学科的教师以及相同业务部门开展的对口评价。

社会评估(Social assessment)

社会评估是指以社会为主体的评估,与其相对应的评估主体是政府或学校自身。社会对学校教育进行的评估通常有两种形式:一是独立于教育行政部门以外的权威机构对学校教育活动的评价,如独立的中介机构或媒体的评价;二是与学校教育有关的民众群体和社会团体对学校教育活动的评价。

政府评估(Administrative assessment)

政府评估即以政府为主体、由政府直接组织和实施的评估。

网上评估(Online assessment)

网上评估是一种以互联网为沟通纽带和工作平台的评估。网上评估通过网络进行评估信息的采集、发送、交流、评定，不但能够节约时间，减少实地评估的交通、资料打印等成本，而且对动态数据能够实施即时、常态评估。对量化性的指标，还可以通过专门开发的软件，进行自动采集、汇总、比较、筛选、综合评估。网上评估常常和实地考察、调查、访谈等评估活动一起进行。

通信评估(Assessment via correspondence)

通信评估是指以通信方式进行评估信息的采集、发送、评定的评估活动。通信方式可以采用传统的信件邮寄，也可利用现代传媒手段，如传真、Email、网络传输等。通信评估主要适用于研究课题、论文评审等类型的评估。

试点评估(Pilot assessment)

试点评估又称试评估，是指在正式进行某项评估工作前，先选择若干个评估客体进行试验评估。通过试评估，进一步调整、改进、优化，使评估方案更加可靠、合理，评估指标体系更加科学和可操作。

整体评价(General evaluation)

整体评价是对被评对象进行的一种整体、系统、全面而综合的分析和价值判断过程。其目的是判断被评对象的整体状况与水平以及未来发展的方向和趋势等。整体评价的特点是范围广、内容多、概括性强。它关注被评对象的整体功能和效益。我国开展的普通高校本科教学工作水平评估、高职高专院校人才培养工作水平评估等均属于整体评价这一类型。

常态评估(Routine check)

常态评估是指在学校教育教学正常状态下进行的评估活动。"正常状态"是指学校无需准备任何评估资料,评估工作专家组对学校进行不定期随访,加强对各学校的过程性、经常性、随机性督查。常态评估旨在消除各种形式主义环节,减轻学校为迎接评估准备各种书面资料的负担,从而掌握学校教育教学的真实情况。常态评估可分为整体性常态评估和单项常态评估两类。

需求评估(Demand assessment)

需求评估是一种诊断性评估,即通过一定的评估方法发现评估对象需要作哪方面(如师资、课程、教材、教法等)的改进,需要进行怎样的改进,改进的紧迫性如何等,即为需求而进行的评估。

个体内差异评价(Intra-individual evaluation)

个体内差异评价是以被评价对象自身某一时期和/或某一方面的发展水平为标准,判断其目前发展状况的评价。这种评价最大的优点是充分体现尊重个体差异,按照因材施教的原则,减轻被评价对象的压力。但由于缺乏客观标准,这种评价往往不易为被评价对象提供明确的目标,难以发挥评价应有的导向和激励功能。

评价方法技术

1. 评价方法

考试（Examination）

考试是检查、评定被试者掌握知识技能和教师教学效果的一种方式。考试具有评定、诊断、预测、激励的功能,它对教育教学具有很强的导向作用。传统的考试方式主要有口试、笔试和操作考试。

测验（Test）

测验是教学评价的方式和手段之一,是了解被测对象学业、能力、心理、品德等方面发展状况的重要途径。测验与考试在要素上有许多相似之处,但在教学过程周期中,测验更多运用于较小的教学单元的检查与评定。

标准化测验（Standardized test）

标准化测验是采用系统的科学程序编制与实施,具有统一标准,并对误差作了严格控制的测验。它能把原始分数转换为稳定的、可检验的、有意义的测量单位的分数,对分数进行科学明确的解释。标准化测验必须同时具备下列四个条件:(1)具有常模,为测验分数的比较提供了参照点;(2)具有代表性的相同的一组测验,为被试者的作业提供了可直接比较的基础;(3)具有测验实施的详细规定,包括测验指导语、时间、情境的规定等,以保证每一被试者有相同的受测条件;(4)有评分方法的详细规定,以减少评分误差。

教育测量(Education measurement)

教育测量有广义和狭义两种概念的界定。广义来说,教育测量是根据一定的客观标准,依据一定的规则,对教育领域中的事物或现象予以数量化的描述。狭义的教育测量则是针对学生的发展而言,即针对教育效果或学校教育影响下学生各方面的发展,侧重从量的规定性上予以确定和描述的过程。

统计(Statistics)

统计是指对与某一现象相关的数据资料的收集、整理、分析、解释和表述,也指总括的计算。在教育语境中,统计包括:(1)统计活动,指利用科学的方法,搜集、整理、分析和提供与教育相关的数字资料等活动的总称;(2)统计资料,指统计活动过程所取得的反映教育活动现象的数字资料以及与之相联系的其他资料的总称。

常模(Norm)

常模是一种参照标准,它描述由个体组成的群体的行为或特性。测验的常模是指一个有代表性的样组在某种测验上的表现情况,或者说,是一个与被试同类的团体在相同测验上得分的分布状况与结构形式,一般用测验分数的平均数和标准差来表示。参照常模对测验的分数进行解释和评价,实质上是通过考查个体的心理特质在某一群体所有成员中的相对位置,来衡量和评价该个体的心理特质。

样组或者群体直接影响到常模的效度和可信度。因此,不同历史时期,样组或群体的平均水平会有不同的变化,常模也将随之变化,因此常模应及时修订。在心理与教育测验中,常用的有年龄常模和年级常模两种。按不同年龄阶段制定的各年龄阶段的常模,多为智力测验所采用;按学校年级制定的各年级的常模,适合于教育测验。

抽样（Sampling）

抽样是指从研究的全体对象中按照一定的规则选取部分具有代表性的个体作为研究对象,并根据研究结果来推断总体特性的一种调查研究方法,包括随机抽样、整群抽样、系统抽样等类型。其中,具有代表性的个体称为样本。在教育评价领域,抽样调查是在面对大规模研究对象时经常采用的一种搜集教育资料以了解某一教育现象总体特征的研究方法。

评价量表（Evaluation scale）

评价量表又称评定量表或评比量表,就所欲测量的心理特性或特质列举许多有关的问题或项目及其不同等级,并用不同的数值来代表,由评价者或者被调查者从中选择符合实际的表现,最后由评价者化为分数予以评价。评价量表用不同的数值来代表调查内容,目的是将非数量化的问题加以量化,而不是用抽象的数值随意排列。量表可以分为客观量表和主观量表。客观量表用于研究对象为客观事实或社会事实的测量,主观量表用来测量人们的主观态度、意见或价值观念。

双向细目表（Two-way checklist）

双向细目表是一个由测量的内容材料维度和行为技能所构成

的表格,它能帮助成就测量工具的编制者决定应该选择哪些方面的题目以及各类型题目应占的比例。在教学考核命题中,双向细目表横向列出考查目标(能力),纵向列出考查内容,即知识点。

信度(Reliability)

信度是指测量工具或测量结果的可信度或一致性,也就是说,在测量中采用相同的方法和指标或量器对同一对象或概念、变量反复测量后的结果的稳定性。评价结果的可信度或一致性越高,教育评价的信度也就越高;反之,评价结果的可信度或一致性越低,教育评价的信度也就越低。

效度(Validity)

效度就是测量或者测验的准确性和有效性。如果一个测量或者测验达到了预期的目的,它就是有效的。效度分为内容效度、结构效度和效标关联效度三类。效度具有相对性、连续性。研究效度的目的是使测量或测验误差造成的影响最小化。

区分度(Discriminability)

区分度又称区别度、鉴别度,是教育和心理测量中用于分析测验题目和测验质量的指标。区分度是指区分测验试题对考生实际水平的个别差异的程度或鉴赏能力,其取值范围介于 -1.00 和 $+1.00$ 之间。它是题目质量和测验质量的一个重要指标。

模糊评价(Fuzzy evaluation)

模糊评价是借助模糊数学理论开展教育评价的一种方法。教育领域普遍存在没有明确内涵和外延、亦此亦彼的模糊现象。通过模糊数学分析,可以实现由模糊向精确化转化。因此模糊数学理论在教育评价领域得到了广泛应用。

人工神经网络评价（Artificial neural network evaluation）

人工神经网络评价是利用神经网络理论进行的一种评价方法。人工神经网络是通过模拟人类神经系统的信息处理方式，由大量信息处理单元通过广泛联结而构成的具有学习、记忆、联想、归纳、概括、抽取、容错以及自学习、自适应能力的信息处理系统。神经网络在处理各种含悖、模糊、随机、量大、动态、低精度信息的教育评价数据中具有独特的性能。

替代性评价（Alternative evaluation）

替代性评价最初是针对传统标准化纸笔测验评价方式的不足而提出的，意指任何不同于传统标准化纸笔测验的评价方法与技术。运用到课堂教学，则指所有非传统标准化纸笔测验的学生学业评价方法。替代性评价具有以下特点：(1)不以单一的书面标准化试题为基础，而是基于学生的行为表现(或操作)，通过观察、记录等方式在学生完成任务的过程中对学生进行评价；(2)不是从单一的考试背景，而是从广泛的课堂、家庭和社会生活背景中收集信息；(3)收集到的信息不是单一的对标准化试题的反应信息，而是在多种智力活动中表现出来的各种信息；(4)不仅注重学生学习结果的评价，更关注学生学习过程的评价；(5)评价的目的不是单纯地给学生一个评价分数或等级，而主要是为了促进学生的学习和发展。

定量方法（Quantitative method）

定量方法又称量化方法，是运用问卷、测验、实验等方法和数学模型对评价对象的各个方面从数量上进行描述、分析和评价的方法。定量方法和定性方法是教育评价的两大基本方法。就方法本身而言，定性方法是定量方法的基础，定量方法是定性方法的精确化。定量方法和定性方法都各有长处和不足。在教育评价过程中，取长补短,把它们有机地结合起来,有利于提高教育评价工作的质量。

定性方法(Qualitative method)

定性方法又称质性方法,是依据一定的标准,对评价对象进行非数量化的描述、分析和评价的方法,包括访谈、调查、观察、查阅资料等具体方法。定性方法是相对于定量方法而言的概念。定量方法侧重于对评价对象的各方面从数量上进行描述、分析和评价,而定性方法则侧重于事物的质的方面的描述、分析和评价。定性方法和定量方法相结合是教育评价学科发展的必然趋势,也是教育评价发展到一定阶段的必然要求。

特尔斐法(Delphi method)

特尔斐(Delphi)法是美国蓝德公司于20世纪50年代为预测未来而开发的一种方法,取名特尔斐,是源于古希腊神谕发布地——阿波罗神殿的所在地。特尔斐法是在匿名的情况下,对一些学者专家进行数次个别问卷调查,每次调查之后均将分析结果与修正后的问卷送给受调查者,受调查者根据反馈资料重新进行评判,多次反复,直到学者专家们的意见基本相同,达成共识。

目标分解法(Target decomposition method)

目标分解法又称因素分析法,是一种把目标逐级分解的指标设计方法,即在准确把握目标内涵的基础上,把评价目标分解成几个关键要素,成为一级指标;每个要素自成一个子系统,再分解每个子系统的内涵,列出能反映其内涵的项目,成为二级指标;每个二级指标又是一个子系统,再分解,直到认为具有可操作性为止。

头脑风暴法(Brainstorming method)

头脑风暴法又称智力激励法或自由思考法,是设计评价指标体系的基本方法之一。采用头脑风暴法设计评价指标,主持者提出需要讨论的问题,并营造轻松融洽的会议气氛,激发专家的积极性和创造性,由专家们自由提出尽可能多的指标和方案,并相互启发,相互补充。组织方把每位专家的意见记录下来,并加以整理。

微格评价法(Micro-evaluating method)

微格评价法是一种促进教师专业发展的教师评价方法,具有专题集中、直观高效、参与性强、反馈及时等特征。它借鉴微格教学的操作程序和方法,过程包括确定评价目标内容、制定评价表、编写教案、上课录像、实施评价等步骤,体现了评价目标相对集中、评价主体多元、评价反馈全面及时准确、评价效果显著等优点。

2. 标准、指标

基准(Benchmark)

基准是指在教育测量工作中用作起始尺度的标准。

评价基准(Evaluation benchmark)

评价基准是指在教育评价中,评价标准的参照点,用于衡量评价对象的价值。按照评价方法的不同,评价基准可分为相对基准、绝对基准、个体内部差异及发展变化基准。

标准(Standard)

标准是指衡量事物的准则,如取舍标准,引申为榜样、规范。

评价标准(Evaluation standard)

评价标准是指人们在评价活动中应用于对象的价值尺度和界

限。它是相对于评价准则所规定的方面以及所确定的优良程度的要求,也是事物质变过程中量的规定性。评价的客观性因素是评价标准具有科学性的重要依据。

指标(Indicator)

指标是指评价内容集合中的元素。它是目标局部特征的表现,使目标具体化和可测量,通过综合各相关指标,就能获得某个特定目标的整体特征。

评价指标(Evaluation indicator)

评价指标是根据一定的评价目标确定的,能反映评价对象某方面本质特征的具体评价项目或要素。指标是具体的、可测量的、行为化和操作化的评价目标。

刚性指标(Rigid indicator)

刚性指标也叫硬指标,是指有具体的数据要求或定额,可操作性强的指标。刚性指标以统计数据为基础,把统计数据作为主要评价信息,通过硬指标信息的直接提取或硬指标计算公式,最终获得量化结果。

柔性指标(Flexible indicator)

柔性指标也叫软指标,是以评判人的主观判断作为主要评价信息,先定性判断再定量化,直接打分或作出模糊评判(如很好、好、一般、较差、差)。柔性指标评价主要是利用评判者的知识和经验作出判断和评价,容易受各种主观因素影响。

指标权重(Indicator weight)

指标权重是指某评价对象各项指标在整体评价指标体系中价

值的高低、相对重要程度,以及所占比例的大小量化值。通常,各项指标权重之和为 1(即 100%),其中每项指标的权重用小数表示,称为"权重系数"。

指标量化(Indicator quantification)

指标量化是对指标体系中各项指标逐个赋值,并进行数学处理的过程。在教育评估中,即为对评估对象用指标规定的标准进行定量分析的活动。它的特点是考评内容指标化,考评指标数量化,考评结果比较客观公正。

绩效指标(Performance indicator)

绩效指标是指那些反映工作的成绩和效果的指标。在教育评价中反映成绩的指标体现了评价对象学习或工作取得的最终成果,反映效果的指标体现了所取得的成绩的投入产出效益。

3. 评价流程环节

调查(Investigation)

广义的调查,是社会科学的一种基本研究方法。在教育评价过程中,调查是指人们亲临现场或通过一定的手段作用于评价对象,从而对有关现象进行有目的、有计划的考察,以获取评价资料的一种常用方法。

访谈(Interview)

访谈就是访问、谈话的意思。在教育评估过程中,通过与评估对象或相关人员的口头交流,访问者把被访者谈话中反映出的各种有用信息记录下来,作为形成评价结论的依据。

座谈(Focus group discussion)

座谈是指在一定的范围内,评价人员根据需要就某一问题收集信息、交换意见、沟通思想而举行的两人以上的访谈。它是搜集评价信息的一种手段。

观课(Classroom observation)

观课又称听课,是观察者利用感觉器官和有关观察工具收集和整理课堂信息,了解教与学的情况,评价得失的一种教学研究方法。观课有很多目的,有的是为了评价,监测课堂教学有效性,有的是为了教学研究,提高教师的专业水平。观课的主体一般是教师、管理人员、研究人员,根据需要,有时也有社会人员、家长的参与。

说课(Oral interpretation of teaching)

说课是一种新兴的教研形式,指执教者在精心备课的基础上,面对同行或教研人员讲述某节课(或某单元)的教学设计及其理论依据,然后由听者评议,相互切磋,从而使教学设计趋于完善的一种教研活动。也有教师上课以后的总结反思型说课。作为一种教学、教研改革的手段,说课是提高教师课堂教学能力,结合教学实践,推进教师专业发展的有效途径之一。

问卷(Questionnaire)

问卷是一种应用很广泛的书面调查工具,它通过被调查者对问卷问题的回答来反映被调查者的某些特征。通常分为自由表述、排序和成对比较三种形式。

轶事记录(Anecdotal record)

轶事记录又称轶事记录法,是通过观察者把认为有价值的、反映儿童行为或心理的各种表现记录下来,进行研究的方法。轶事记录法是教师常用的一种方法,它可以帮助教师分析儿童的成长和发展过程,了解儿童的个性特点,探讨影响儿童发展的因素。轶事记录法要求在记录时应尽量做到及时、准确、具体,尽量在事件发生时及发生后及时记录下来,尽量把中心人物的言谈举止,在场其他人的活动以及活动背景、情境如实记录下来。

现场考察(On-site visit)

现场考察是教育评估中的一个重要环节,指评估人员前往评价对象所在地进行的实地考察和评价。在考察中,评估人员不仅进行广泛的调查,而且还与评价对象和相关人士直接接触和会谈,以收集第一手资料。在结束后,评估人员要提出考察报告,对评价对象的情况进行较为详尽的介绍和评价。现场实地考察形式可以增加评价者的感性认识,可直接获得第一手资料,有利于作出客观、正确的评价。

行动观察(Behavior observation)

行动观察是指在评价过程中对评价对象的行为活动进行有计划、有目的的动态观察,并把观察的结果记录下来,作为评价的素材和资料依据。

课堂观察(Classroom observation)

课堂观察是指研究者或观察者带着明确的目的,凭借自身感官(如眼、耳等)以及有关辅助工具(如观察量表、录音录像设备等),直接或间接(主要是直接)从课堂情境中收集资料,并依据资料作相应研究的一种教育科学研究方法。它的起点和归宿就是为了改善学生的课堂学习与促进教师自身的专业发展。课堂观察的领域包括课堂管理、教学过程、教学指导方式、教学目标的落实、教学过程中的学生参与情况等。

基础教育学校评价实践

1. 教育督导

督导条例(Supervision regulation)

　　督导条例是调整教育督导主体间关系、教育督导活动权利的教育行政法规。国家教委 1991 年颁布了《教育督导暂行规定》。2008 年,为了进一步加强对教育工作的行政监督与指导,保障教育法律、法规的贯彻执行,促进教育事业的健康发展和教育教学质量的提高,国务院法制办公布了《教育督导条例》(征求意见稿),对教育督导机构、督学、教育督导的实施、法律责任等进行了全面而系统的规定。《教育督导条例》(征求意见稿)突出了四大特点:一是对教育督导工作的内容规定更加明确、具体,有针对性;二是对督导工作的职权规定更加全面、实在,有权威性;三是对各级教育督导部门和督学的工作任务进行了量化规定,容易检查落实,有操作性;四是将教育质量监测与评估工作纳入到了教育督导体系,扩大了教育督导的外延。

督导制度(Supervision system)

督导制度是我国教育基本制度之一,也是教育行政管理制度的重要组成部分。督导制度由教育督导政策与法规体系、组织管理体系组成,它规定了教育督导的机构设置、人员配备、业务范围、工作要求及管理权限,保证在法律规定的范围内正确行使教育行政权力。我国教育督导制度始于清朝末年学部所设"视学官"。新中国成立后,1955年4月,教育部曾发出《关于加强教育视导工作的通知》,各地督导工作取得进展。以后,督导工作又渐渐削弱直至1958年停顿。20世纪80年代初逐步恢复,并形成了有中国特色的教育督导制度,建立了《教育督导暂行规定》等一系列法规政策体系,设立了国家教育督导团,省、市、县三级人民政府建立了教育督导机构,形成专兼职督导队伍,确立了督政与督学相结合的职责等。督导制度的建立与完善,保障了我国"两基"(即20世纪末基本普及九年义务教育、基本扫除青壮年文盲)历史性任务的完成,推动了城乡教育管理新体制的确立,促进了教育重点、难点和热点问题的解决,推进了学校管理水平和教育教学质量的提高,是基础教育领域依法治国的有力保证。

督导评估(Supervision assessment)

督导评估是教育督导机构依据一定的教育目标、方针和政策,使用科学的现代教育评价技术和方法,对地方、政府、区域、县乡、学校等相关教育部门的教育工作和教育结果进行的价值判断和工作目标考核检查。其目的在于强化国家对教育事业的管理,保证有关教育法律、法规和方针、政策的贯彻执行以及教育决策和教育目标的实现。督导主体是政府,对象包括下级人民政府和教育行政职能部门以及其他有关教育部门、教育团体、教育机构和学校单位。

督导报告（Supervision report）

督导报告是指督导人员根据督导程序,对被督导单位依法治教工作进行全面分析和综合评价后形成意见和建议的表达形式。督导报告的内容一般包括四个方面,即督导活动的客观描述,被督导单位的基本情况,被督导单位依法治教的主要成就与问题,提出督导意见和建议。督导报告的形式可以是工作报告,也可以是行政文件。督导报告的受众是人民政府及其教育行政部门、被督导单位。督导报告是教育管理决策的重要参考依据。

督学（Education inspector）

督学有两层含义。一是指依法履行教育督导职责、执行教育督导公务的督导人员的职务名称。督学有兼职督学和专职督学之分,一般由政府任命,经过必要的培训并获得督学资格证书。督学具有法定的工作职权。督学享有的职权包括:(1)要求被督导单位提供与督导事项有关的文件并汇报工作;(2)对被督导单位进行现场调查;(3)向人民政府及其教育行政部门反映情况,并提出意见和建议等。二是指教育督导的重要内容之一,即对学校的工作进行监督、检查、评估和指导,保证学校对国家有关教育方针、政策、法规的贯彻执行和教育目标的实现。督学与督政一起构成教育督导的两大重要职责。

督政（Educational administration supervision）

督政是教育督导的重要职责之一。教育督导部门依法对下级人民政府及其教育行政部门的教育工作进行监督、检查、评估、指导,督促其依法治教,保证国家有关教育的方针、政策、法规的贯彻执行和教育目标的实现。自20世纪80年代以来,各级教育督导部门相互配合,先后开展了部分省市《义务教育法》贯彻实施情况检查、《教育法》执法检查、全国中小学教育工作"五项督导检查"（即各地贯彻《中共中央关于改革和加强中小学德育工作的通知》，教育经费增长政策和教师经济待遇的落实，校舍中危房的改造，制止中小学生流失，纠正乱收费等五项督导检查）、"两项督导检查"（即各地对中小学德育工作有关法规、文件的落实情况和小学生课业负担过重的问题的督导检查）、"两基"评估验收等督政实践活动。

教学视导（Teaching inspection）

教学视导是指由教育行政部门、教育督导部门或教学研究专业机构组织的教育专业人员，依据相关的课程标准和教学要求，对学校或教师的教学活动进行针对性、系统性的视察与辅导，以了解和改进学校教学质量、促进教师专业发展、提高学生学习成效的过程。

专项督导（Specific supervision）

专项督导亦称"专题性督导"，是有计划地对一个地区、一个部门或者一所学校的单项或者几项教育工作进行具体而深入的监督、检查、评估和指导的活动。如针对教育乱收费问题、中小学生课业负担过重问题等进行的督导均属于专项督导。专项督导的作用主要体现在两个方面：一是便于上级教育行政部门深入了解被督导地区和单位某一方面的情况，科学调整管理决策；二是促进被督导单位不断反思某方面工作的不足，及时获得针对性的指导，并进行改进。

教育公建配套（Public educational facility for community）

教育公建配套是住宅区配套公共建筑中用于教育的部分。住宅区配套公共建筑，简称"配套公建"，指开发商按照国家及地方有关规定在住宅区土地范围内与商品住宅配套修建的各种公用建筑，一般包括教育、医疗卫生、文化体育、商业服务、金融邮电、社区服务、市政公用、行政管理及其他等八类公用建筑。各住宅区具体配建项目因住宅区情况的不同会有所区别。教育公建配套具体是指学校、幼儿园等公用教育建筑设施。在我国,上海市是较早出台新建住宅区公建配套政策的城市,1995年出台了《上海市新建住宅配套建设与交付使用管理办法》,后经1997年与2002年两次修订后重新颁布。

教育公用经费(Public funding for education)

教育公用经费是教育预算经费支出中用于公用部分的经费,主要包括学校维持正常运转所需开支的业务费、公务费、设备购置费、房屋修缮费以及其他属于公用性质的费用等。

生均经费(Expenditure per student)

生均经费是指在一定时期内,一个地区或学校按照在校学生人数平均的教育经费,即教育经费总额与同期在校学生人数之比。生均经费是考察一定时期内某一地区或学校教育投入水平的重要指标之一,是确定教育投资的合理程度、实行教育经费定额管理、考核教育经费使用效果、进行教育成本核算与编制的主要依据。

教育水平(Education level)

教育水平是指公民受教育所达到的层次和水平。就个体而言,教育水平是指公民接受初等、中等、高等教育的程度;就一个国家或地区而言,是指接受初等、中等、高等三个不同层次教育的人数占整体的比例。

师生比(Student-teacher ratio)

师生比是陈述教师数与学生数比值的概念,可以具体表示某一个教育机构、教育层次或教育区域中,教师人数与培养学生人数之间的比例关系。它表明了每个教师所担负教育学生的人数,是测算学校师资需求量的数量指标,也反映了教育人力资源的利用率。不同国家和地区由于经济、教育发展状况和体制不同,对师生比的要求也不同;各级各类学校由于培养目标、教学内容及教学手段不同,师生比也不同。

毕业率(Graduation rate)

毕业率是指学校或某地区某阶段教育入学的总人数中,按规定学制如期毕业的学生所占的百分比。它反映学校或某一地区按规定目标培养合格学生的情况,标志学校或某一地区某教育阶段的办学水平和教育质量。计算公式如下:

$$毕业率 = \frac{当年某一级获得毕业证书的学生数}{当年某一级学生总数} \times 100\%$$

合格率(Rate of qualified graduates)

合格率是指某学校当年某一级中达到某层次教育标准的学生数占该级全体学生数的百分比。通常以是否达到培养目标为判断是否合格的标准。

$$合格率 = \frac{当年某一级合格的学生数}{当年某一级学生总数} \times 100\%$$

流失率(Dropout rate)

流失率是指某学年或某阶段学习期间内,某学校或某地区在校学生中途停学离校人数占学年初(或某阶段学习初期)在校生人数的百分比。它反映学校和教育部门内部或外部各种因素对学生学习的影响。计算公式如下:

$$流失率 = \frac{某学年学生离校人数}{学年初在校生人数} \times 100\%$$

升学率(Promotion rate)

升学率是指某学校或某一地区当年某一级学校毕业生中,于同年升入高一级全日制学校学习的人数所占的百分比。它反映两级学校之间的衔接情况,标志毕业生升入高一级学校学习的机会。计算公式如下:

$$升学率 = \frac{当年升入高一级全日制学校的学生数}{当年某一级学校毕业生总数} \times 100\%$$

入学率(Enrollment rate)

入学率是指某地区某年龄段人口中在校学生数占该年龄段人口数的百分比。它标志某地区适龄人口中相对应的教育普及程度。计算公式如下:

$$入学率 = \frac{学年初适龄人口中在校学生数}{学年初适龄人口数} \times 100\%$$

毛入学率(Gross enrollment rate)

毛入学率是指某一地区在校学生数占相应的适龄人口数的百分比。它标志该地区教育的相对规模和相应学龄人口接受某阶段教育的机会。由于在校学生数中可含有非相应的适龄人口数,因此有时会出现毛入学率超过100%的情况。计算公式如下:

$$毛入学率 = \frac{学年初在校学生数}{学年初相应的适龄人口数} \times 100\%$$

学区(School district)

学区是一种教育行政管理单位,其划分与地方行政区划分不一定相同,各国学区的类型、规模、组织等存在差异。在我国,学区是指基础教育阶段一定地理区域内的教育机构为实现教育资源共享、教育教学互助而确立的一种教育管理方式。学区一般按照学生就近入学、学校均衡配置的原则划分,其目的是缩小学校间差距,促进区域教育的均衡发展。

择校(School selection)

择校是指法定监护人为使子女接受更合适的教育而选择特定学校的行为。我国法律规定义务教育阶段适龄儿童、少年免费、免试、就近入学,学生不得跨区选择学校,学校不得跨区选择学生。一些父母或监护人放弃按居住地划分,子女应该对口就读的学校,去选择自己心目中理想的学校就读,由此产生择校行为。在我国现行的教育法规政策环境下,公立学校不得接受学区以外的学生,民办学校可以按规定招收部分学区外的学生,以满足部分家庭的择校需求。

就近入学(Enrollment according to the school district)

就近入学是指政府依照法律规定,履行政府职责,提供各种资源保障适龄儿童在户籍所在地,进入一定服务范围内的学校接受法定的义务教育的行为。就近入学的范围通常是由教育行政部门根据本行政区域内的学校布局以及适龄儿童数量和分布状况合理确定,并向社会公布。就近入学政策是政府保障公民均等受教育机会的基本措施。伴随城市化进程中人口流动增大,政府也逐渐关注如何保障适龄儿童在居住地就近入学的问题。

2. 学校整体评价

办学理念(School-running philosophy)

办学理念是学校办学者在长期的办学实践过程中形成的对学

校发展定位、办学目标、精神追求、治学态度、人才培养等方面的理性思考,并在此基础上形成发展愿景。它体现了学校的办学指导思想,是学校对未来发展目标的一种"应然"描述。

办学目标(Objective of school-running)

办学目标是指学校立足于学校传统,结合未来社会发展对教育的要求而确定的总体发展方向,是学校制定各项规章制度的基础和依据,也是学校未来要达到的质量水平标准。

办学模式(Model of school-running)

办学模式是建置、管理、运作一所学校的整体设计,是为实现办学目标、体现学校办学定位而选择建立的一种人才培养的格式规范。办学模式的形式和来源主要有两种途径:一是对学校经验的模式化总结;二是在理论的指导下设计实验某种模式,然后进行总结。办学模式具有明显的时代特点。随着现代教育观念的更新,教育改革的深化,办学模式也必将在丰富的办学实践中不断创新。

办学条件(Conditions of school-running)

广义的办学条件是指办学所需或所具备的各种软件和硬件资源。狭义的办学条件是指国家教育法律法规所规定的中小学校应当达到的基本条件,包括有组织机构和章程,有合格的教师,有教学场所、设备设施及经费来源,满足法律、法规规定的其他条件等。

办学水平(School-running level)

办学水平是根据国家和社会赋予学校的教育目标和任务,学校的办学条件、办学过程和办学绩效等方面达到的水平,反映出学校的管理水平、师资队伍建设、教育教学业绩、办学特色以及社会声誉等方面的状况。

办学特色(School-running characteristics)

办学特色是学校在长期办学过程中逐步形成的独特、稳定的风貌,包括学校的办学理念、课程、制度和文化等,彰显了学校的个性,体现了学校的价值追求和精神面貌,对学校的可持续发展至关重要。

教育资源(Educational resource)

教育资源是指投入到办学和教育教学过程中的各种可资利用的人力、物力和财力资源的总和。可分为有形资源和无形资源,其中有形资源包括教师、管理人员、各种教育教学设施设备、教育经费投入等,无形资源包括教育制度、教育理念和教学时间等。

学校管理(Management of school)

学校管理是人们依照一定的教育目标和管理目标,充分利用校内外的各种资源和条件,对学校的人和事进行计划、组织、指挥和调控,以实现教育目标的社会活动。

学校发展规划(Development plan of school)

学校发展规划是一种新的学校管理理念和策略,是指学校为了提升整体办学水平,更好地促进自身发展,结合国家和地方政策环境背景,对学校未来发展的方向、规模、速度等作出合理预设。办学者通过实施学校发展规划,对学校活动、各项资源不断进行评估、整合和优化,最终实现学校办学目标。

校园文化(Campus culture)

校园文化是全体师生共同塑造的,由学校历史、传统、发展愿景、价值观、校风学风、制度文化以及物质环境等多种因素综合而成的一种精神状态和文化氛围。

生涯规划教育(Career design education)

　　生涯规划教育是兴起于20世纪六七十年代的一种教育理念，是一种有组织、有目的、有计划地培养个体正确认识自我与社会及二者关系的意识和能力，引导个体明确职业兴趣爱好，确立个人职业发展方向，形成相关职业知识和技能，并学会制订具体可行的实施计划的综合性教育活动。

家校合作(Cooperation between family and school)

　　家校合作是指以促进学生发展为目的，家庭和学校相互配合、相互支持、相互协调的互动活动。家校合作的实质是为了更好地发挥家庭和学校的优势而开展的一种双向互动的教育交流活动，它通过学校对家庭教育的指导，最终使家庭教育成为学校教育的强有力支持者。

课业负担(Schoolwork load)

　　课业负担是指学生在课内和课外承担的学习任务和感受的压力。学习任务是指学习的内容(深浅)、数量和时间，感受的压力则取决于学习的兴趣和态度。由于学生学业基础不同，在学习动机、态度与兴趣等方面也存在个体差异，因此同样的学习任务对有些学生而言是负担，而对另外一些学生而言则不是。

办学水平评估(Assessment for school-running)

　　办学水平评估是我国20世纪80年代中期以来逐步探索和发展的、以教育法规和教育目标为依据对学校综合办学状态进行的价值判断。办学水平评估具有全面性、综合性等特征，其内容一般包括学校办学条件评估、管理水平评估、办学过程评估、办学绩效评估等。开展办学水平评估,是保证学校办学质量、促进学校持续健康发展的重要手段,同时也是政府促进学校管理科学化的重要举措。

学校定位评估(Assessment for school orientation)

学校定位评估是对不同类型学校的办学方向、资源条件、培养目标的合理性、适切性、科学性等进行分析并作出价值判断的过程。开展学校定位评估有助于学校进一步认清自身办学的目标、基础、特色、优势和不足,准确把握自身角色和发展方向,扬长避短,不断进步。

学校风险评估(School risk assessment)

学校风险评估是指采用科学的方法,对学校潜在风险的来源、性质、数量、影响等进行识别、分析、预测和评价,并在此基础上提出防范、预警、控制和处理的活动。学校风险分为自然风险和人为风险两大类。自然风险多指自然灾害、突发事件,人为风险主要是指安全保障风险(包括校园环境风险、食品卫生风险、人身心理风险)、财务管理风险等。学校人为风险具有复杂性、多样性、不确定性、可度量性以及发展性等特点。进入21世纪以来,学校风险备受政府和社会的关注,国家先后出台了《学生伤害事故处理办法》(教育部第12号令)、《中小学幼儿园安全管理办法》(教育部第23号令)和教育部、财政部、中国保监会《关于推行校方责任保险,完善校园伤害事故风险管理机制的通知》等一系列法规文件,积极预防和妥善处理学校安全事故和意外伤害,依法保护学校和师生的合法权益,维护学校正常的教育教学秩序。

公办学校(Public school)

公办学校又称公立学校。公办学校或公立学校是与民办学校或私立学校相对应的概念,是指由政府举办和管理,并由公共财政拨款支持的非营利性教育机构。

民办学校(Private school)

民办学校就是指政府机构以外的社会组织或者个人,利用非政府财政性经费投资,面向社会兴办的学校。在我国,民办学校和公办学校一样,是国民教育体系的一个重要组成部分。

转制学校(Converted school)

转制学校主要是指公办学校在所有制形式不变的前提下,由企事业组织、社会团体或符合条件的公民个人,利用民办教育的部分政策,自筹经费、自主管理的学校。转制学校作为办学体制改革发展历程中的一个自发的探索试验,有其本身的历史作用。

随着近年义务教育经费保障机制的逐步建立,公办中小学办学体制改革的外部环境和形势发生了重大变化。与此相适应,公办学校转制停止试验。

双语学校(Bilingual school)

双语学校是指实施双语教育的学校。广义的双语教育指的是学校中使用两种语言的教育,狭义的双语教育指的是学校中使用汉语和一门外语传授学科内容的教育。我国目前开展的双语教育基本符合狭义的双语教育的界定,使学生通过授课语言的运用来达到掌握两种语言的最终目标。

外籍人员子女学校(School for children of foreign nationals in China)

外籍人员子女学校是指由在中国境内合法设立的外国机构、外资企业、国际组织的驻华机构和合法居留的外国人开办,招收在中国境内持有居留证件的外籍人员的子女,实施中等及其以下教育的学校。外籍人员子女学校享有自主办学权利,学校的管理、运行经费、教学大纲、教学计划、教师以及学校的教育教学设施、场地均由办者自行负责和落实。目前,学校的教育体制主要沿袭北美和欧洲体系,学校课程主要分为三类:(1)以国际文凭组织教学大纲为教学目标的国际课程;(2)以举办者所属国教学大纲为依据,采用完全同步的教学计划及要求的国别课程;(3)举办者所属国国内课程与国际课程相结合的课程体系。根据国家现行管理规定,此类学校由教育部审批,省市一级教育行政部门负责其日常管理工作。

接收外国学生学校(School admitting foreign children)

接收外国学生学校是指经省、自治区或直辖市教育行政部门会同同级外事、公安部门审批、教育部备案,获得资格接收适龄外国学生入校学习的中小学校。这些学校通常具有较好的教学条件及较高的教学水平和管理水平。所接收的外国学生一般为随父母在华常住的外国学生。此类学校除安排必要的汉语补习外,一般不为外国学生单独编班。外国学生完成各科学业,考试合格,将获得中国学校的毕业证书。

国际部(International division)

国际部是指国内部分学校为满足对国际课程有特殊需求的学生而设立的专门教学部门。目前存在三种不同的情况:一是招收境外学生,实施境外学制,颁发境外的毕业证书;二是以非学历教育培训的名义,引进境外课程,招收中国公民学生,颁发境外的毕业证书;三是招收外国学生并独立编班,开设中国课程,选用中国教材,颁发中国的毕业证书。还有部分学校国际部属于第二和第三两种混合类型。

保教结合(Integration of care and education)

保教结合是指幼儿园中保育工作和教育工作相互结合、相互渗透的重要原则,要求在幼儿教育机构中既要重视保育,又要重视教育,并倡导保教人员在日常工作中互相协作、保教并重,做到保中有教、教中有保,促进幼儿体智德美全面发展。

区域活动(Corner activity)

区域活动又称区角活动、活动区活动,是指在一定的时间内,以幼儿的兴趣与需要为主要依据,将幼儿园的活动室、走廊、门厅、室外场地等划分成不同的区域,投放相应的活动材料,让幼儿自由选择活动内容和方式,通过与材料、环境、同伴的充分互动获得个性化学习与发展的活动。

自然角(Natural corner in kindergarten)

自然角是指在幼儿园的室内、沿廊或活动室的一角专门创建的陈列、摆放一些易于照顾、适于室内生长的动、植物和实验用品的活动区,是幼儿了解自然知识的一个窗口,是幼儿开展非正规科学活动的场所。

专用活动室(Special function room)

专用活动室是指幼儿园依据幼儿兴趣和办园特色,设计并创建的专门培养幼儿某方面兴趣和能力的活动室,如图书室、美工室、音乐室、科学探索室、结构操作室、陶艺室、棋牌室、游泳室、思维训练室等。专用活动室按其专用功能配备相应的设施设备和活动材料,能满足儿童在分班活动室中不能满足的兴趣发展和交往需求的空间要求。

游戏(Game for children)

游戏是一种基于婴幼儿内在需要的自发自主性活动,具有兴趣性、虚构性、社会性、具体性、不创造物质财富等特点,能满足婴幼儿的生理和心理需要,是学前儿童的基本活动,对促进幼儿身心发展具有重要的价值。

玩教具(Edutainment toy)

玩教具是指为实现特定的教育目的而设计的,供幼儿在教学游戏中使用的玩具,是促进幼儿教学的有效手段。玩教具有体育类、构造类、角色扮演类、科学启蒙类、音乐类、美工类、图书、挂图与卡片类、电教类、劳动工具类等种类。玩教具的运用可使幼儿的学习变得更轻松、有趣,成为促进幼儿教学的有效手段。

随班就读(Learning in regular class)

随班就读是普通教育机构对特殊学生实施教育的一种形式,是指在普通教育机构中招收能跟班学习的残疾学生(如听觉障碍、视觉障碍、肢体残疾、轻度智力落后等),给他们提供一定的条件,如助听器、放大镜、盲文课本等,采取一定的个别辅导措施,帮助其完成规定年限的义务教育。

普特融合(Fusion of regular and special education)

普特融合是指普通教育与特殊教育在理念、形式、内容、方法等多方面的相互融合与渗透,是当代特殊教育的发展趋势。融合可以分为形式上的融合和内容、精神的融合。形式上的融合,包括把特殊儿童安置在普通班级等具体的措施。内容、精神的融合,是使双方适用的思想、理念、做法、内容在各自的领域共用。普特融合的目的是使特殊儿童尽可能在最少受限制的环境中接受最适宜的教育，为今后进入社会扫清障碍。

3. 学生评价

基于观察的评价（Observation-based evaluation）

基于观察的评价是指研究者（观察者）带着明确的目的，凭借自身感官及有关辅助工具，如观察表、录音和录像设备等，直接从观察情境中记录和收集资料，并在整理、分析这些资料的基础上对被观察者作出的综合评价。在学校情境中，基于观察的评价最常见的是教师观察，而教师观察最常发生在课堂上，因此，这样的观察有时也被称为课堂观察。

综合素质评价（Comprehensive quality evaluation）

综合素质评价是我国学生评价体系中的一个组成部分，主要依据学生的日常表现、过程性材料、学生特长表现记录等反映学生综合素质的材料对学生进行客观、全面的评价。综合素质评价结果的呈现形式包括两部分——评价等级和综合性评语。综合素质评价是促进学生全面发展的重要举措，对于学校选拔合格人才、学校提高日常教学质量和教师水平、教育行政部门进行教学质量监控以及在教育中建立诚信文化有着重要的意义和价值。

学生参与式评价（Evaluation with student participation）

学生参与式评价是指学生作为评价主体参与评价过程的一种评价方式。一般有两种形式：一种是学生评教。学校组织学生对教师的教学态度、教学行为以及教学效果进行评价，以此作为学校评价教师的一个重要参考指标，学校经客观分析后将学生评教的结果反馈给教师，并提出改进意见。另一种是学生对自己及同学的评价。教师在评价学生时,让学生对自己及同学的学业或行为表现作出评价,教师依据学生的自评和他评对学生作出综合评价。

儿童成长记录(Record of children's development)

儿童成长记录是对幼儿成长过程中有关身心发展、活动情况等的综合记录,一般由教师或家长及儿童共同完成,具有记录幼儿的生活轨迹,反映幼儿发展的动态过程等特点。儿童成长记录便于教师及家长了解、分析幼儿身心发展规律,并有针对性地实施相应的教育与指导。

(电子)档案袋评价[Evaluation by (electronic) portfolio]

档案袋评价又称为"学习档案评价"或"学生成长记录袋评价",是20世纪80年代伴随着西方教育评价改革运动而出现的一种质性评价方式。它是通过对学生作业作品的有目的的收集,以学生档案袋中所提供的信息为依据,对学生的学习情况进行评价的过程。档案袋所收集的材料应能展示事情的进展过程或者个人的成长经历,反映学生在特定领域的努力、进步和成就。电子档案袋评价是依托电子信息技术将学生的学习过程和学习成果记录在数据库中,通过积累、整理与整合,构建出有个人特色的学习档案,并通过学生的学习档案来评价学生学习情况的过程。

超常儿童(Gifted child)

超常儿童是指智能水平明显超过同龄儿童的一般发展水平或具有某种特殊才能的儿童,又称英才儿童、资赋优异儿童、神童、天才儿童等。超常儿童有不同的类型,常在文学、数学、艺术及其他方面表现出特殊禀赋。其共同的心理特点表现为:注意力集中、记忆力强、观察敏锐、想象丰富、思维敏捷、能创造性解决问题,同时兴趣广泛、求知欲旺盛、进取心强、充满自信、坚韧不拔。

智障儿童（Mentally challenged child）

智障儿童是指智力明显低于一般人水平，并显示出适应性行为障碍的儿童。智障儿童在智慧功能和概念、社会、实践的适应技能方面存在显著的障碍。根据不同的智力发展水平，可以将智障儿童分为轻度、中度、重度和极重度等级别。

创造性思维（Creative thinking）

创造性思维就是主体在强烈的创新意识驱使下，通过综合运用各种思维方式，对头脑中的知识、信息进行新的加工组合，形成新的观点、新的创意和理论的思维过程。简言之，凡是突破传统思维习惯，以新颖独创的方法解决问题的思维过程，都可以称为创造性思维。

发散性思维（Divergent thinking）

发散性思维也称求异思维，是美国心理学家吉尔福德（J. P. Guilford）所提出的思维类型。它是指以解决某一问题为目标，沿着不同的方向去思考，从不同的角度多方面地寻找解决问题的新出路或答案的一种思维方式。发散性思维不囿于思维定式，敢于打破习惯思维程序，富于开拓创新意识，具有流畅性、变通性和独特性等特点。

批判性思维（Critical thinking）

批判性思维是面对做什么或相信什么而作出合理性决定的一系列思考技能和策略，其核心包括阐述、分析、评估、推论、解释和元认知六个方面，情感上表现出有着强烈的好奇、质疑、求真意向。西方对批判性思维的研究已有百余年历史，美国哲学家、心理学家、教育家杜威（J. Dewey）被公认为现代批判性思维之父。批判性思维在20世纪40年代成为美国教育改革的主题，70年代成为教育改革运动的焦点,80年代成为教育改革的核心。经过近二十多年的教学研究实践,批判性思维在西方已经发展成为一门内容丰富的思维训练课程。

创造性学力(Creative learning competence)

创造性学力是个体为适应未来社会发展所应具有的探索精神、创造性思维和创新能力等多种素养和能力的集合。在基础性学力、发展性学力、创造性学力构成的学力体系中,创造性学力位于最高层级。

发展性学力(Developmental learning competence)

发展性学力是在基础性学力基础上形成的,以学生学会独立地思考问题、解决问题为特征的一种学力,主要强调的是个体面对问题时所具备的主动探索、求解的能力。也有人将发展性学力称为创造性学力。

基础性学力(Basic learning competence)

基础性学力是学力的基础部分,有广义和狭义之分。广义的基础性学力是指学生成为一个合格公民所需具备的最低限度的教养,包括基本态度、基本知识(如读、写、算)和基本技能,是发展性学力和创造性学力的基础。狭义的基础性学力是指学生在学习过程中获取新知识所需的基本学习经验和基本学习技能。

创新能力(Innovative ability)

创新能力是指运用人类已有的知识创造、重新改造或组合开发新的事物的能力,它包括创新意识、创新思维和创新技能等三部分,核心是创新思维。就中小学生而言,创新能力是指学生能够独立、综合地运用已有的知识,发现新的知识、观点和方法,掌握其中的规律并运用于解决问题的能力。创新能力应具备的知识结构包括基础知识、专业知识、工具性知识或方法论知识以及综合性知识四类。

实践能力（Practical ability）

实践能力主要是指个体将已有知识和技能转化为解决实际问题的能力。实践能力包括两大类内容：一是与所学专业或就业岗位密切相关的能力；二是与个体独立生活和事业发展有关的能力。实践能力具有实践性、动态生成性、习得性等特点，它在实践活动中形成和发起，并在实践活动中得到表现。

智力因素（Intelligence factor）

智力因素通常是指在学习活动中人的认识能力的总和，通常包括注意力、观察力、想象力、记忆力、思维力、创造力等六个方面。智力因素与认识过程直接相关，是人们在对事物的认识中表现出来的心理特征，是人类认识活动的操作系统。

非智力因素（Non-intelligence factor）

非智力因素是指智力因素（知觉、记忆、思维等）以外的能作用于学习的条件，包括动机、兴趣、情感、毅力、性格等方面的心理因素。非智力因素属于非认知性心理机能系统，即动力系统。它在人类智慧活动中，不直接参与认知过程，在学习上发挥着动力、定向、强化和创造等方面的作用。

认知能力发展水平（Development level of cognitive ability）

认知能力发展水平是指儿童的感知、注意、思维、想象等认知能力及认知结构，随年龄增长不断变化发展所达到的质量水平。根据瑞士著名心理学家皮亚杰的认知发展理论，儿童的认知能力发展水平分成感知运动阶段、前运算阶段、具体运算阶段和形式运算阶段等四种水平。

学业水平（Learning level）

学业水平是指学生经历某一层次的教育过程之后,基于国家学科课程标准,在体能、情意、理智等方面所获得的水平或状态。学业水平考试是评价学校教学质量和学生学业发展水平的重要依据,非义务教育阶段的学生学业水平考试也是学校选拔、招收新生的重要方式。

知识结构（Knowledge structure）

知识结构是指揭示了知识内部联系及规律的系统,教学结构中的知识结构既是知识自身系统化的组合,又应当是学习知识由浅入深、由简单到复杂这一认知规律的反映。具体到个体,是指一个人经过学习与实践后所积累的知识构成情况和组合方式。

学习投入度（Input in learning）

学习投入度是指学生在自身学习过程中所投入的时间、体力和心理能量的总和。

学习产出（Output in learning）

学习产出是指学生完成某一阶段学业时应具备的知识、技能、素质和人格。它反映了学生对学校资源的利用情况以及学生的知识、技能、态度和价值观的改变等方面的发展状况。学习产出是衡量学校教育教学质量的重要指标之一。学习产出能够直观地体现育人目标,反映学校办学的宗旨和原则。

学习习惯（Learning habit）

学习习惯是指经过有意识的训练和潜移默化的陶冶所形成的具有相对稳定性的自动重复的学习行为心理倾向。良好的学习习惯能使学生以一种稳定的心态有规律、有节奏地安排学习,从而获得最佳效果。

合作学习(Cooperative learning)

　　合作学习又称小组合作学习,于20世纪70年代兴起于美国,被广泛应用于中小学教学实践,是目前许多国家采用的一种主流教学理论和教学策略。它将社会心理学的合作原理纳入教学之中,强调人际交往对于认知发展的促进功能。基本做法是将全班学生依其学业水平、能力倾向、个性特征、性别乃至社会家庭背景等方面的差异分成若干个异质学习小组(每组3~6人),创设一种只有小组成功,小组成员才能达到个人目标的情境,即小组成员不仅要努力争取个人目标的实现,更要帮助小组同伴实现目标,通过相互合作,小组成员共同达到学习的预期目标。小组合作学习将班组授课制条件下学生个体间的学习竞争关系改变为"组内合作"、"组际竞争"的关系,将传统教学中师生之间的单向或双向交流改变为师生、生生之间的多向交流,不仅提高了学生学习的主动性、对学习的自我控制力以及教学效率,也促进了学生之间形成良好的人际合作关系,促进了学生心理品质的发展和社会技能的进步。

4. 教师评价

兼任教师(Part-time teacher)

　　兼任教师是指由学校聘请的校外其他单位具有教师资格的、从事教学工作、承担教学任务且聘期在一年以上、比较固定的人员。

专任教师(Full-time teacher)

　　专任教师是指学校中具有教师资格、专门从事教学工作的人员。

奖惩性教师评价（The teacher evaluation system for accountability）

奖惩性教师评价是一种以甄别、选拔、监督为目的，由学校根据教师的工作表现、素质条件以及工作绩效等对教师进行的评价。评价结果作为教师的奖金、荣誉、晋级、加薪、降级、解聘等奖励或处罚的依据，其指导思想是利用奖惩激发教师工作的积极性。

校长职级制（Ranking system for principal）

校长职级制是针对我国中小学校长长期套用机关行政级别的做法而进行的一次事业单位人事管理制度改革。这种制度的主要功能是为中小学校长建立一种独立的专业发展制度，按照不同的任职资格、条件、岗位职责要求，将中小学校长的职位分为若干个等级，形成职务等级系列，同时明确校长的任职资格，并制定相应的考核标准、考核内容、考核方法和考核程序，为校长的任用、考核、奖惩、晋升、工资待遇提供依据和管理标准。

学习共同体（Learning community）

学习共同体是在某一领域或主题上有共同目标、相似兴趣，自愿聚集在一起的人组成的团体，是通过相互交流、共同分享知识，形成动态的共同学习的人际关系，其目的是促进个人和组织的共同发展。学习共同体是教师专业发展的一个重要途径。

校本研修（School-based study）

校本研修是以教师为学习和研究的主体，以教师任职所在学校为主要阵地，以教学过程中的实际问题为研究对象，通过充分发挥教师的专业自觉，提高教师专业水平的教师进修方式。校本研修是一种学习、工作和研究三位一体的学校活动和教师行为，其主旨是让教师成为教学、研究和学习的真正主人，使教师的教学质量与生命质量得到共同提高。自我反思、同伴互助、专业引领,是校本研修的三个核心要素。

教师教育标准(Standards for teacher education)

教师教育标准是由国家教育行政部门批准公布的,为保障教师教育的质量而提出的关于教师教育活动的基本规范和要求,包括教师的专业标准、教师教育课程标准、教师教育机构资质标准和教师教育质量评估标准等。

教师人格魅力(Personality charm of teacher)

教师人格魅力是指教师的性格、气质、教育教学能力和道德品质等人格特征对学生产生的吸引力和感召力。它是通过长期的教育实践而积淀形成的教师个人综合素质的体现。

教师职业道德(Professional ethics of teacher)

教师职业道德简称"师德",是教师在从事教育教学工作中必须遵守的具有鲜明职业特点的道德准则和行为规范。

教师职业倦怠(Occupational boredom of teacher)

教师职业倦怠是教师不能顺利应对工作压力时的一种反应,是教师在长期压力体验下而产生的情感、态度和行为的衰竭状态。其典型症状是工作热情和活力丧失,对学生情感疏离和冷漠,以及低成就感。

教师专业发展(Professional development of teacher)

教师专业发展是指教师作为专业人员,在专业知识、专业能力、专业精神、职业道德等方面由不成熟到成熟的发展过程。教师专业发展是一个长期的过程,促进教师专业发展的途径有学校进修、课堂教学研讨、同伴交流学习等。教师只有将专业发展作为一种专业生活方式渗透于日常专业行为的方方面面,并根据自身特点,选择适合的发展路径,才能在教育教学实践和探究中不断促进自身的专业成长。

教师专业技术职称(Professional title of teacher)

教师专业技术职称是经专家评审、反映教师专业技术水平并作为聘任专业技术职务依据的一种资格。我国于1987年首次实施中小学教师职务制度。现阶段中小学教师专业技术职称的级别由低到高划分如下。(1)小学(含幼儿园)教师职称:三级、二级、一级和高级教师;(2)中学教师职称:三级、二级、一级和高级教师。《国家中长期教育改革和发展规划纲要(2010—2020年)》第五十五条指出,我国将建立统一的中小学教师职务(职称)系列,在中小学设置正高级教师职务(职称)。

教师资格(Teacher qualification)

教师资格是国家对专门从事教育教学工作人员的基本要求,即公民从事教师职业所必须具备的知识、能力和品德的要求规范。《中华人民共和国教师法》(1993年10月31日通过)第十条规定:中国公民凡遵守宪法和法律,热爱教育事业,具有良好的思想品德,具备本法规定的学历或者经国家教师资格考试合格,有教育教学能力,经认定合格的,可以取得教师资格。我国的教师资格考试标准由教育部制定,省一级教育行政部门统一组织教师资格考试和教师资格认证,县一级教育行政部门组织教师公开招聘。

教师自我效能感(Teacher's perceived self-efficacy)

教师自我效能感是指教师对于自己所具备的教育信念和教学能力,会在多大程度上对学生的学习和发展产生积极影响的主观判断和感受。

教学能力(Teaching ability)

教学能力是指教师在一定的教学情境中,为实现教学目标,促进学生发展所表现出来的个性心理特征和达成教学目标的能力,教学能力是教学知识和教学技能的有机融合,包括教学组织能力、教学认知能力、教学评价能力。

教育机智(Pedagogical tact)

教育机智也称教学机智,是教师面对复杂的教育情景中的突发情况所表现出来的一种积极心理状态,它能敏锐地感知到学生的变化和需要,善于捕捉教育契机,从而产生最好的教育效果。

5. 课程评价

基础教育课程改革(Basic education curricular reform)

基础教育课程改革是指对基础教育领域的课程、教学、教材、评价等诸方面进行的改革。新中国成立以来,我国基础教育已经进行了八次课程改革。当前正在进行的第八次全国基础教育课程改革从2001年教育部颁布《基础教育课程改革纲要(试行)》起正式开始,是为适应新世纪对人才素质提出的要求而进行的一次改革。改革的核心理念是"为了每位学生的发展,为了中华民族的复兴",实施以培养创新精神和实践能力为核心的素质教育,目标是构筑符合素质教育要求的基础教育课程体系。在先后设立国家级实验区、省级实验区进行试点后,至2005年,新一轮基础教育课程改革已在全国全面推行。新一轮基础教育课程改革提出了"知识与能力"、"过程与方法"和"情感态度与价值观"三维课程目标;

改变只有"必修课"的单一模式,增加了"选修课"、"综合实践活动";在课程标准基础上实现了教材的多样化;强调学生学习的过程是主动建构的过程;强调平等对话的师生关系;实行国家、地方、学校三级课程管理;倡导多元学生评价等,是一次较为全面的课程改革。

一期课改(The first round of curricular reform)

一期课改是上海中小学课程教材改革第一期工程的简称,是我国中小学第七次课程教材改革的组成部分。为顺应国内外基础教育改革发展趋势和上海经济社会发展需要,上海于1988年受国家教委的委托,承担了适应经济文化比较发达地区的中小学课程教材改革的研究与试验任务,拉开了一期课改的序幕。一期课改历经十年,以实现"应试教育向素质教育的转变"为改革目标,提出了以提高学生素质为中心,以社会需要、学生发展、学科体系为基点的"三角形课程理论"。其培养目标在全国率先提出了"个性发展"、"身心素质"、"劳动技能素质"等要素。建立了必修课、选修课、活动课构成的三板块课程结构。教材体系强调基础学力的培养,即强调学习的基本态度、基础能力和基础知识。同时,在教学方法、教学评价等方面进行了一系列改革,在课程实施、管理、师资培训等方面也取得了重要经验。

一期课改共有整体改革试验的60所中小学和30所幼儿园,并在10个区范围进行单科教材试验。1993年开始在全市范围逐步推广,有近一千种各类新教材覆盖幼儿至高中阶段教育各学科的所有课程,为素质教育的贯彻实施发挥了重要作用。一期课改为全面提高上海未来市民综合素质,为上海的振兴和发展作出了贡献,受到了国家教委和国内外教育界的高度重视和好评,为20世纪90年代中后期启动的全国课改提供了经验。

二期课改(The second round of curricular reform)

二期课改是上海中小学课程教材改革第二期工程的简称,是我国中小学第八次课程教材改革的组成部分。1998年,上海在国内外教育和课程改革的大背景下,结合上海国际化大都市的城市发展定位对教育提出的新要求,在一期课改的基础上,开始实施新一轮的课程教材改革,推出《面向21世纪中小学新课程方案和各学科教育改革行动纲领(研究报告)》,标志着二期课改正式启动。二期课改在完成了《上海市普通中小学课程方案(试行稿)》、学科《课程标准(征求意见稿)》等文件编制的基础上,已逐年编写、出版了幼儿园、小学、初中、高中各学段230个品种、近500册新教材(试验本),并在全市178所课改研究基地学校(幼儿园)进行了试验。二期课改强调"全面实施素质教育",在课程理念、目标、内容、实施和评价等方面都有所突破。

二期课改的课程理念是,树立课程是为学生提供学习经历并获得学习经验的观念;以学生发展为本,构建体现时代特征和上海特点的课程体系;以德育为核心,强化科学精神和人文精神的培养;以学习方式的改变为突破口,重点培养学生的创新精神和实践能力;加强课程的整合,促进课程各要素间的有机联系。

二期课改确立的培养目标是使学生具有创新精神、实践能力和终身可持续发展能力的基础,提出教育要适合每一位学生的发展,提供学生五种学习经历(品德形成和人格发展、潜能开发和认知发展、体育与健身、艺术修养和发展、社会实践),教师要更新教育理念,帮助学生学会学习。二期课改在基础学力的基础上又提出了发展性学力和创造性学力,从而构建了总学力系统,还将原有的二维课程结构(课程形态、学习要求)改变为三维课程结构,增加了课程功能维度,分为基础型课程、拓展型课程、研究型课程,并各有不同的实施形态。为不同类型的课程和学科制定课程标准。在学科设置上,整体设置了十二年一贯的体系,建立了语言文学、数学、自然科学、社会科学、技术、艺术、体育与健身和综合实践等八大学习领域。

二期课改倡导发展性评价,推出《学生成长记录册》,淡化评价的甄别与选拔功能,重视评价的激励、导向和反馈功能。强调运用多样化的评价方法实现对学生的全面评价,促进学生生动、活泼、积极、主动地学习,促进学生全面而有个性地发展。体现发展性学习评价的重要举措是提出了要对学生进行过程评价和综合素质评价的要求。在课程管理上,实行国家、地方和学校三级管理方式,同时强调要赋予学校合理的课程自主权。

两纲教育(Life education and national spirit education)

"两纲"是指上海市于2005年颁布的《上海市学生民族精神教育指导纲要》和《上海市中小学生生命教育指导纲要》。"两纲"教育是指实施以国家意识、文化认同、公民人格为主要内容的民族精神教育和旨在帮助青少年认识生命、珍惜生命、尊重生命、热爱生命,促进青少年身心健康发展的生命教育,以此为抓手加强青少年的思想道德教育。"两纲"明确了开展民族精神教育和生命教育的意义、目标、原则及主要内容。在此基础上,提出了各学科及各学段实施民族精神教育和生命教育的具体要求,充分挖掘学科教学中的教育内容,实现各学段教育的有机衔接与递进,并要求通过学科教学、专题教育、课外活动等多种途径,灵活有效地加以落实,全面系统地培育学生的民族精神,提升学生的生命质量。

双基教育(Education for basic knowledge and skill)

"双基"通常是指学校教学内容中的基础知识和基本技能。主张把基础知识和基本技能作为普通中小学教学内容核心的课程理论,即为"双基论"。主张学校的基本任务是传授基础知识和基本技能的教育,称为双基教育。随着社会经济发展所带来的基础知识和基本技能的变化,双基教育的内容也不断发展,其中一个重要方面就是增加了情感态度以及智慧与人格等非智力因素的培养。

课程标准(Curricular standard)

课程标准是确定一定学段的课程水平及课程结构的纲领性要求,是由教育行政部门颁布的课程法规文件,包括内容标准和表现标准。课程标准是教材编写、教学、评估和考试命题的依据,是国家管理和评价课程的基础。

课程化环境(Environment as part of a curriculum)

课程化环境是指在幼儿教育中为实现课程目标而创设的教育环境,包括物质环境和心理环境,是将教育环境创设作为课程的重要组成部分。课程化环境设计应符合幼儿园课程目标的要求,有利于幼儿体、智、德、美诸方面的全面发展,一般具有重视幼儿体验、考虑幼儿的参与及多元、开放等特点。课程化环境的原理也适用于中小学教育。

课程计划(Curriculum planning)

课程计划是课程实施、评价和管理的基本准则,体现国家对基础教育不同学校的基本要求,是各级教育部门和小学、初级中学组织安排教学活动的依据,是编制课程标准和编写教材的依据。在学校层面,课程计划是指对学校近期教学目标、内容、方法、策略、管理、评价等可操作性措施的整体规划,是对师生在校教学时间、空间与教学内容的整体安排。

课程开发(Curriculum development)

课程开发是依据一定的课程理念,通过课程目标的确定,标准和计划的编制,课程实施,课程评价和课程修订等一系列活动,确定新课程的过程。按照课程开发的主体,课程开发又可分为国家课程开发、地方课程开发和校本课程开发三个层次。

课程领导力(Curriculum leadership)

课程领导力是以校长为核心的课程领导团队,围绕以学生发展为本的理念,率领教师团队,整合学校课程资源,在课程实践过程中所体现出来的决策引领、规划设计、组织实施、评价反思、不断提升的能力。

课程执行力(Curriculum enforcement)

课程执行力是在课程政策目标的指引下,在相应的政策执行条件(如经费、制度、文化等)的基础上,依靠课程执行者的努力,有效实现具体课程目标的能力。具体到教师的课程执行力,主要是指依据课程标准与教学计划,有效开展备课、上课、作业、辅导、评价等方面的能力。

课程评价(Curriculum evaluation)

课程评价是对照课程目标,运用科学的手段,在对课程的计划、结构、内容、实施及效果等进行充分调查分析的基础上,对课程的现实或潜在价值作出判断,以期逐步达成课程共识,提供决策信息,促进课程不断改进和发展的过程。

课程实施(Curriculum implementation)

课程实施是将编制的课程计划或课程方案付诸实行,试图通过教学活动和教育实践实现预期课程目标的过程。其主要任务有国家课程的校本化实施、校本课程建设、教学执行计划的编制与执行、教务管理、学业评价等。

课程整合(Curriculum integration)

课程整合又称课程统整或课程综合化,是指对不同课程按新的教学目标进行融合重组的过程,包括不同学科之间的课程整合和校内学习内容与校外社会实践的课程整合。目的是为了促进学习者提升学习效能,使学校教育和社会发展之间紧密联系。课程整合涉及课程结构、课程内容、课程实施等要素环节。

边缘课程(Peripheral curriculum)

边缘课程是指在学校课程体系中处于非核心地位的课程,与核心课程相对应。依据泰勒(R. W. Tyler)的观点,边缘课程是根据教育目标及学生的差异而设置的有针对性的课程。边缘课程与核心课程的划分是特定价值观的产物,因而不是固定不变的。两者之间具有内在的、生成性的关系。

核心课程(Core curriculum)

核心课程主要指以某类问题或学科知识等为核心组织起来的,在课程体系中居于中心位置的那部分课程,与其他课程形成内在的、生成性的联系。核心课程这一概念起源于19世纪末,其内涵不断变化发展。依据不同的课程价值观,核心课程观可分为如下四种取向:一是社会取向的核心课程观,主张以学习者作为自身发展和社会发展的参与者的共同需要、问题和关注点为核心;二是经验取向的核心课程观,主张以学生直接感知到的需要和兴趣为核心;三是学科取向的核心课程观,主张将经典文化知识或学科知识作为核心;四是混合取向的核心课程观,主张核心课程应谋求学生、社会与学科三者的平衡与整合。

活动课程（Activity curriculum）

活动课程又称经验课程,是指在学科课程以外,从学生的兴趣和需要出发,以学生为主体,以实践性、自主性、创造性、趣味性以及非学科性为主要特征的多种活动内容的课程。活动课程的主要特征是强调学生的主体实践性,注重源于经验的学习,要求学生"从做中学",通过师生共同组织的一系列活动进行学习,获取直接经验,培养兴趣,解决问题,锻炼能力。20世纪90年代,我国将活动课程正式列入课程计划。

课外活动（Extracurricular activities）

课外活动是指在课堂教学之外,根据受教育者的需要以及教育教学的需要,由学校或校外教育机构组织指导的,学生自愿参与的,用以补充课堂教学、帮助学生全面发展的一种教育活动。

基础型课程（Basic curriculum）

基础型课程是上海市1998年启动的中小学课程教材改革第二期工程（简称"二期课改"）的课程方案中提出的课程类型。基础型课程由体现各学习领域共同基础要求的学科课程组成,是全体学生必修的课程。基础型课程着眼于促进学生基本素质的形成和发展,体现国家对公民素质的最基本要求。基础型课程与拓展型课程、研究（探究）型课程共同构成二期课改的三维课程结构。

拓展型课程（Extensive curriculum）

拓展型课程是上海市1998年启动的中小学课程教材改革第二期工程（简称"二期课改"）的课程方案中提出的课程类型,拓展型课程以培养学生的主体意识,完善学生的认知结构,改善学习方式,提高学生自我管理和选择学习的能力为宗旨,是一种体现不同基础要求、具有一定开放性的课程。拓展型课程着眼于激发、培养和发展学生的兴趣爱好,开发学生的潜能,陶冶学生的情操,并为学生提供多种学习途径和学习经历,促进学生的主动、全面、和谐发展,同时促进学校办学特色的形成。拓展型课程与基础型课程、研究(探究)型课程共同构成二期课改的三维课程结构。

研究(探究)型课程(Research-based curriculum)

研究型课程是上海市1998年启动的中小学课程教材改革第二期工程(简称"二期课改")的课程方案中提出的课程类型,在小学和初中阶段又称为"探究型课程"。研究型课程是在教师的指导下,学生自主地运用研究性学习方式,获得和应用知识,发现和提出问题,进而探究和解决问题的学习活动。着重在专题性与综合性的研究或探究过程中,激励学生主动探究和体验,培养学生的创造性学力。研究(探究)型课程是国家规定的必修课程,它与基础型课程、拓展型课程共同构成二期课改的三维课程结构。

显性课程(Explicit curriculum)

显性课程与隐性课程相对,是学校依据教育目标设立的,以直接明显的方式呈现的课程,主要包括正式列入学校课程计划的各类课程以及有目的、有计划、有组织的课外活动。

隐性课程(Implicit curriculum)

隐性课程与显性课程相对,是指以学校各类教育教学活动及物质、文化环境为载体,以间接的、内隐的方式呈现的课程。隐性课程对学生的身心发展产生潜移默化的影响。学术界对隐性课程的理解主要分为三类:一是课程计划外的学习活动或教育活动,二是学生在学校情境中无意识地获得的教育经验,三是通过学生的无意识发生作用的教育影响因素。

校本课程（School-based curriculum）

校本课程是指学校在国家教学大纲或课程标准的指导下，在实施国家课程和地方课程的前提下，为满足学生主动全面发展的需要，以学校教师和相关研究人员为主体，充分利用校内、校外资源开发的具有学校特色的课程。校本课程与国家课程、地方课程共同构成三级课程体系，是对国家课程和地方课程的有益补充。

学科课程（Subject curriculum）

学科课程是以学科为中心，从不同的知识领域选取特定内容，根据知识的逻辑体系组织而成的课程。传统的学科课程为科目本位课程，由一系列各自具有独立体系的学科组成，强调不同学科门类之间的相对独立性和一门学科逻辑体系的完整性。随着学科间联系的不断加强，逐步出现了综合性的学科课程。

园本化课程（Kindergarten-based curriculum）

园本化课程是指一个幼儿园在本园现实的根基上生长起来的，以共同性课程为依据，以该幼儿园办学目标与培养目标为方向，带有该园自身的特点，符合该园实际情况，又能满足幼儿发展需要而开发实施的课程。

综合课程（Comprehensive curriculum）

综合课程是指打破传统分科课程的学科界限，从结构和功能上对两门以上学科知识进行有机整合而形成的课程。综合课程强调整体性，选择各学科间具有内在联系的知识，构成一个综合的体系，注重让学生用整体的观点分析事物，发展学生的综合思维能力和创造能力。其模式主要有交叉课程、相关课程、融合课程、广域课程、核心课程和经验课程等。

高中国际课程(Senior high school international curriculum)

高中国际课程是指由有关国际组织或有关国家政府或非政府机构开发,为世界上不同国家的高中教育阶段所选用,以英语等国际通行语言为主要教学语言的课程。学生完成课程学习之后,可以直接或者通过参加考试的方式进入世界上多个国家的高等院校学习。典型的高中国际课程如下。

(1) 国际文凭大学预科项目(IBDP)课程。该课程由国际文凭组织(IBO)开发,其基本理念是终身教育,设6类学科课程和3门核心课程。学生毕业参加IBO统一考试,每年两次。世界上139个国家都开设了IBDP课程,全球的顶尖大学都正式承认该文凭,并按规定让学生转换大学学分。

(2) 美国大学预修(AP)课程。该课程由美国大学理事会(College Board)开发,着眼于为学有余力的高中生提供大学预修课程,AP预修科目的考试成绩既可以作为申请大学的资格,也可以在进入大学后直接计算学分。AP课程有艺术、社会科学、自然科学、英语、世界语言等门类,共30多个学科。世界上有60多个国家的大学认可AP课程的成绩和学分。

(3) 英国普通中等教育证书考试高级水平(A-Level)课程。该课程由英国剑桥大学国际考试委员会(CIE)开发,是英国的全民课程体系,也是英国学生的大学入学考试课程。该课程提供了英语、数学、科学、人文与社会科学、商业与职业技术和现代语言等6大类,共60多个学科。全球已有125个国家开设了这一课程,A-Level课程证书受到了大多数以英语授课的优秀大学的承认。

(4) 加拿大BC省高中毕业证书(BC)课程。该课程由加拿大不列颠哥伦比亚省教育部开发,整个课程使用BC省教学大纲和学习材料,采用学分制管理,课程包括英语、数学、科学、社会、计划、物理、化学、生物、体育、艺术、戏剧、电影电视制作、财会等。所有学生注册加拿大 BC 省学籍,必须参加 BC 省要求的省考,成绩合格者获得 BC 省高中毕业证书,该证书受到美国和所有英联邦国家大学的承认。

教学大纲(Syllabus)

教学大纲是国家教育行政部门规定学校各门学科的目的任务、教材纲目和教学实施的指导文件。"教学大纲"一词是 1952 年后,我国学习苏联教育模式后引用来代替原有的"课程标准"的。大纲规定各学科的知识、技能、技巧的范围和结构,体现国家对各学科教材与教学的基本要求。2001 年,国家颁布《基础教育课程改革纲要》,分析了教学大纲存在的弊端,依据课程改革的新理念,重新采用"课程标准"一词,代替"教学大纲"。具体阐释可参见"课程标准"词条。

教学反馈(Teaching feedback)

教学反馈是指通过问卷调查、座谈会、听课、评估等多种方式,系统地收集教学反馈信息,了解学生的学与教师的教的客观状况,再向对象系统传达的全过程,其目的是促使教师改进教育教学,进而提高课堂的教育教学质量。

教学方法(Teaching method)

教学方法是教师在教学过程中运用的方式与手段的总称。它体现了特定的教育和教学的价值观念,包括教师教的方法(教授方法)和学生学的方法(学习方法)两大方面,是教授方法与学习方法的统一。目前教育教学中采用的主要教学方法有讲授法、讨论法、直观演示法、练习法、现场教学法、自主学习法等。

教学模式(Teaching model)

教学模式是在一定的教学思想或教学理论指导下建立起来的各种类型的教学活动的基本结构或框架,以及教学过程的程序性的策略体系。它主要包括理论依据、教学目标、操作程序、实现条件和教学评价。它是一种具体化、操作化的教学思想或理论,在一定程度上揭示了教学活动带有的普遍性规律。一般情况下,教学模式并不涉及具体的学科内容,所提供的程序对教学起着普遍的参考作用,具有一定的稳定性。

教学设计(Teaching design)

教学设计是为了完成具体教学目标而系统计划的工作步骤和程序。它以教学效果最优化为目的,以解决教学问题为宗旨。依据科学的学习理论、教学理论和教师的相关经验,结合教学对象和教学目标,确定合适的教学起点与终点、教学的方法和手段、教学的内容等,将教学诸要素有序、优化地予以安排。教学设计的主要步骤分为:(1)分析教学内容和预期的教学目标;(2)诊断学习前的学生状态;(3)整合各种教学资源并安排实施教学的步骤;(4)选择合适的评价教学结果的方法。

教学效果(Teaching effect)

教学效果是指教师投入一定的时间和精力进行教学所取得的成绩与结果。它通常表现为学生的学习结果,即学生在掌握知识、形成能力、陶冶情操等方面所达到的质与量的综合。

教学效率(Teaching efficiency)

教学效率是指在教学过程中资源的投入、利用和产出的成效,即教学资源的投入与产出之比。取得同样质量的教学成果,资源消耗越少,教学效率就越高;若在消耗同样资源的情况下取得同样的质量,则教学成果越多,教学效率越高。

课堂教学评价(Classroom evaluation)

课堂教学评价是指依据一定的标准,运用各种科学手段,搜集课堂教学过程中的各种信息资料,在此基础上对课堂教学活动及其效果进行价值判断的活动。

案例教学(Case teaching)

案例教学作为一种教学方法产生于20世纪20年代初,由美国哈佛大学商学院首创。该教学方法是指教师通过在教学过程中引入一个含有问题的真实的、典型的事例,引导学生参与讨论,剖析事例,增进学生对所学知识的理解,从而提高学生发现问题、分析问题和解决问题的能力。

场景教学(Contextual teaching)

场景教学是一种情境教学,指教师为了实现特定教学目标而特别创设学习环境或活动情境,或者带学生进入真实的环境,引导学生在仿真情景或真实场景中进行体验式学习,激发学生的学习兴趣,增强学生对理论知识的感性认识,提高学生的动手能力和创新能力。常用于临床医学、职业培训等实践性较强的教学活动中。

模拟教学(Simulation teaching)

模拟教学是指教师围绕某一教学主题,模拟真实问题设置情境,让学生通过角色扮演,身临其境,在亲身体验中将理论与实践结合起来,让所学知识在体验中内化,从而增强学生的动手能力、组织能力、解决问题的能力,最终提升学生综合素养。

微格教学(Microteaching)

微格教学是为帮助教师掌握教学技能、改进教学行为而组织的分段教学示范与观摩评价活动。具有直观、省时、集中、高效等特征,其操作过程一般包括确定内容、准备设施、前期辅导、制定评价表、编写教案、上课录像、实施评价等步骤。

项目教学(Project-based teaching)

项目教学作为一种教学方法,是指在教学过程中,教师将学习任务以项目的方式呈现,由师生共同设计项目实施方案和步骤,完成项目任务,并对项目结果进行评价。这种教学活动体现了教师"平等中的首席"地位,注重教师的引导与学生的学习过程,能够充分调动学生的积极性,增强学生的动手能力、创造能力以及解决实际问题的能力,从而提高学生的综合素质。

四

中等职业教育评价

中等职业教育(Secondary vocational education)

中等职业教育是指在高中教育阶段进行的根据职业岗位的要求实施职业知识教育和职业技能训练的教育。中等职业教育是我国高中阶段教育的重要组成部分,主要由中等职业学校实施,招生对象主要是初中毕业生和具有初中同等学力的人员,基本学制以三年制为主。中等职业教育培养目标的基本定位是培养数以亿计的适应社会和市场需求的具有综合职业能力,在生产、服务、技术和管理第一线工作的高素质劳动者和中初级专门人才。中等职业教育包括学校职业教育和职业培训两大部分,实施机构主要是中等专业学校(简称"中专")、技工学校(简称"技校")、职业高级中学(简称"职业高中")和成人中等专业学校等。

职业培训(Vocational training)

职业培训是指为人们准备就业或转换职业而进行的一种教育和训练。它不以取得学历资格为目的,主要进行专业技术知识、实际操作技能和职业道德、职业纪律等方面的教育和训练。职业培训的实施主体主要是职业院校、企业和社会各类职业培训机构。

在性质上分为业前培训、转业培训、学徒培训、在岗培训、转岗培训及其他职业性培训,在层次上分为初级、中级和高级职业培训。职业培训学习周期长短不一,培训结束经考核合格者,可按国家规定发给相应的培训合格证书和技术等级证书。

中等专业学校（Technical secondary school）

中等专业学校简称"中专",是指在高中教育阶段实施中等职业技术教育的学校机构。中等专业学校以培养各类中级专业人才为目标,招收初中毕业生。分为职前普通中专和职后成人中专两类。这类学校办学主体呈现多样性,除了教育行政部门,多数隶属于各级行业部门,其学制为3~4年。

职业高中（Vocational high school）

职业高中是指专门实施职业教育的高级中学,以培养具备一定职业知识和技能的生产服务一线的技能型人才和高素质劳动者为目的。职业高中招收初中毕业生,学制一般为3~4年。与中等专业学校和技工学校同为正规的中等职业技术学校的重要类型。

高级技工学校（Technical senior school）

高级技工学校是指由劳动行政部门或大型企业主管的,以培养素质优良的技术技能型、知识技能型、复合技能型高技能人才为主要目标的学校。主要招收技工学校等中等职业学校毕业生,或具有中级职业资格的人员。学制一般为2~3年。学员学完全部课程,经考试合格,发给高级技校毕业证书和经省、市劳动行政部门审核盖印的七级、八级技术等级证书。人才培养模式一般采用学校与企业的联合培养。

成人中等专业学校（Adult technical secondary school）

成人中等专业学校简称"成人中专"，是对成人实施中等专业教育的学校机构。它在我国改革开放以后发展起来，最初定位为把有初中文化程度的成年人（在职人员为主）培养成中等技术人员。随着形势的发展，其招生对象已经以应届初中毕业生为主。学制为2~3年。根据按需施教、学用结合的原则，培养适应经济和社会发展需要的，德、智、体全面发展的应用型中级专门人才。这类学校隶属地方教育行政部门。

职教中心（Vocational education center）

职教中心是教育行政部门为推进职业教育发展，统筹整合区域内各类职业教育资源而设置的区域性、综合性的实施职业教育的机构，属于中等职业教育的一种办学形式，多为县级职教中心。在生源、培养目标上与其他中等职业学校基本相同。在办学形式上，除示范性地举办好普通职业班外，还为区域内普通中学开设职业技术课提供场所、设施，培训企事业单位在职人员和待业、转业人员，开展区域职教研究和专业师资研修。

国家级重点中等职业学校（National key secondary vocational school）

国家级重点中等职业学校是指省（直辖市）教育行政部门选拔出来并由教育部组织审核认定的能为其他学校起骨干示范作用的中等职业学校。具体地说，这类学校必须具备以下条件：办学指导思想明确；校园占地面积、各项设施和教师配备等符合要求；学校管理工作、德育工作、教学改革成绩突出；办学规模效益好，质量优秀。截至2009年6月，全国经教育部认定的国家级重点中等职业学校有近2 000所。

国家中等职业教育改革发展示范学校(Demonstration schools of national reform and development in secondary vocational education)

国家中等职业教育改革发展示范学校是指根据教育部、人力资源和社会保障部、财政部关于实施国家中等职业教育改革发展示范学校建设计划所评选出的一批代表国家职业教育办学水平的中等职业学校。该计划要求,从2010年到2013年间,对达到立项建设标准的学校,由中央财政重点支持,通过两年建设并验收合格后,能在全国中等职业教育改革创新、提高质量和办出特色等方面发挥引领、骨干和辐射作用。改革发展的重点在于大幅度提高学校办学的规范化、信息化和现代化水平,深化办学模式、培养模式、教学模式和评价模式改革。整个立项建设项目共1 000所学校,分三批实施,2010年第一批重点建设285所国家中等职业教育改革发展示范学校,立项建设学校已经教育部、人力资源和社会保障部、财政部组织专家复核、公示,已启动建设。

就业导向(Employment orientation)

就业导向是指以促进就业和职业、岗位需要为基本依据所设计的职业教育教学模式,其目的是最大限度地实现教学体系与职业、工作岗位要求的对接。以就业为导向意味着要将就业市场的需求和职业岗位能力的变化作为学校专业设置、教学方式改革的重要依据,把社会对人才的需求、学生就业与岗位需求相适应作为职业教育的办学方向。

能力本位(Competency-based)

能力本位是"能力本位教育"(Competency-Based Education,CBE)的简称,指把培养学生的职业能力作为职业技术教育的根本目的,重视从事某一具体职业所必须具备的知识、技能、能力,并以此为出发点组织课程与教学体系。源于美国在第二次世界大战期间对技术工人的再培训,使之掌握机械、枪弹制造等技能。美国教育家布卢姆关于教育目标分类学说的提出,以及进入20世纪七八十年代后,教育心理学关于有效地教与学的研究取得较大进展,使得CBE思想及方法受到重视,并发展成为比较完整的教学体系。通常采用DACUM(Developing A Curriculum 的缩写,即职业能力分析)课程开发模式,制定明确、具体的行为化教学目标,作为实施教学的依据和评价学生的标准。其核心是如何使学生具备从事某一职业所必需的实际能力。

校企合作(School-enterprise cooperation)

校企合作是一种以市场和社会需求为导向,以培养企业所需要的合格人才为目标,以学校和企事业单位双方共同参与为主体的人才培养模式。利用学校和企业两种不同的教育环境和教育资源,将课堂教学与学生参加实际工作有机结合,从发展规划、课程开发、师资培训、招生就业和教学实习等各个方面进行合作,培养适合不同用人单位需要的应用型人才。

职教集团(Vocational education group)

职教集团是指在政府主导下,以一个或若干个发展较好的职业院校为核心,基于行业(专业)、地域或原有的建制基础建立的多法人非营利性组织。集团组织依据集团制定的章程,建立活动运作机制,联合学校、企业或其他社会团体共同探讨职业教育的发展规划,搭建资源共享与交流平台,参与教学科研活动。其主要目的是整合办学资源,提高教育质量,拓宽办学领域,提高办学效益,实现双赢,共同发展。

订单培养（Order-based training）

订单培养又称订单式培养或订单教育,是指职业院校针对企业需求,与其共同制定人才培养方案,签订学生就业订单,校企双方在师资、实训、课程等办学条件方面进行全面合作,企业从自身文化特征和岗位要求出发,介入教育的全过程,学生毕业后直接到该企业就业的一种人才培养模式。这种育人模式的优势在于企业岗位、技能要求具体,教学内容针对性强,学生学习目的明确,学生在校期间就到企业顶岗实习,对企业的文化有所感受,毕业后可直接胜任工作岗位;企业能及时获得满足岗位需求的合格人才,避免了到社会上招聘人才的盲目性,也可减少岗前培训的费用。这是一种实现学校、学生和用人单位"三赢"的模式,体现了把就业导向落实到人才培养全过程的特征。

工学结合（Work-integrated learning）

工学结合是指利用学校、社会两种教育资源和教育环境,通过教育部门与产业界或院校与企业的合作、理论知识学习与实践工作的结合,来培养学生的知识、能力、素质的一种人才培养模式。它强调培养目标与企业需求相结合,培养过程与工作过程相结合,知识教育与技能训练相结合,体现了职业教育从单一学校课堂走向综合实际职业岗位的新的价值取向。常见的工学结合方式是在学生学习期间交替安排理论课程学习和校外顶岗工作。

顶岗实习（Post internship）

顶岗实习是指学生以企业员工的身份在生产、管理、服务等岗位上直接参与生产实践、独立完成工作任务的一种实习,属于校外实习阶段。中等职业教育一般安排学生毕业当年参加顶岗实习,旨在进一步提高学生操作的熟练程度和解决实际问题的能力。这种顶岗实习的劳动不同于校内实习,学生在实习单位完成与正式职工相近或相似的工作,因而也随之产生学生角色定位转换,有利于加速职业心理的成熟。它是学生接受职业教育的一个重要组成部分。

双证融通(Double-certificate integration)

双证融通是指职业资格证书与学历证书之间相互融合与衔接,标志着以学历证书为标志的学历教育与以职业资格证书为标志的职业技能培训之间的一种互认和沟通,被看作职业教育人才培养的一种新型模式,也是实现职业教育与劳动就业对接的重要举措。

中高职贯通培养(Integrated training of secondary and higher vocational education)

中高职贯通培养是指上海市职业教育改革试点中职与高职贯通培养人才的一种模式。其内涵是对具有相同专业方向的中等职业教育和高等职业教育的专业设置教学计划、教学实施方案和师资管理等进行一体化设计,从而加速培养高素质技能型人才。学习年限一般为五年,学籍管理前三年在中等职业学校,后两年在高等职业院校。学生学完一年课程后进行甄别,不适合或不愿意继续在同一专业学习的学生,可从五年一贯制专业转入相近中职专业学习。对完成专业教学计划规定课程,考试成绩合格,符合毕业条件的学生,颁发高等职业院校的毕业证书。

专业目录(Program/Specialty directory)

专业目录是由政府的教育主管部门组织制定和颁发,对专业(职业)学校(院)教育进行宏观管理的基础指导性文件。一般包括专业目录(专业划分、专业名称等)和专业简介(培养目标、专业教学主要内容等),是学校(院)设置与调整专业、实施人才培养、组织招生、指导就业,以及行政管理部门规划专业布局、进行教育统计和人才预测等工作的主要依据,也是学生选择就读专业、社会用人单位选用毕业生的重要参考。我国与职业教育相关的专业目录主要有《普通高等学校高职高专教育专业目录》和《中等职业学校专业目录》等。

专业(Program/Specialty)

专业是中等及以上院校根据社会职业分工、学科分类、科学技术和文化发展状况及经济建设与社会发展需要而划分的学业门类。专业的构成主要包括培养目标、课程体系、教学实施与评价等要求,是中等及以上院校的教育基本单位或者教育基本组织形式。

专业(技能)方向(Specialization)

专业(技能)方向亦称专门化,是指职业院校根据社会经济发展和培养专业技能人才的需要,在学校某些专业内部设置的培养学生的不同专业(技能)方向。如在汽车运用与维修专业内设置汽车机修、汽车电器维修、汽车性能检测、汽车维修业务接待等不同专业(技能)方向。学生在学习一定的专业课后,可重点学习专业(技能)方向课程,接受本专业某一方面更专门的训练。其设置应基本对应适合职业院校毕业生就业的《国家职业分类大典》规定的职业或工种,或经人力资源和社会保障部批准的行业特有的职业或工种。

专业布局(Specialty planning)

专业布局指学校(校际)和地区(省市)根据社会经济发展需求与教学培养目标,遵循人才培养规律,对专业的规模、类型、内涵等进行筹划和组合。其基本内涵包括:(1)专业定位。紧贴市场、紧贴企业、紧贴生产服务一线设置专业,遵循教学目标和社会需求的统一性原则。(2)专业调整。科学合理地调整专业设置和专业结构,避免重复设置、盲目建设和低水平竞争,关注就业水平和质量,实现技能型人才供需基本相当。(3)专业资源。整合优质资源,创新培养模式,合理筹划办学条件(包括实训设施设备、专业师资队伍和校企合作等)。

专业结构(Specialty/Program structure)

专业结构是指中等及以上学校在一定时期内,根据社会与经济发展需要所设置的各种专业(学科)所构成的比例关系和分布形态,包括:(1)专业的类型结构(专业设置的类型及其学科属性,以及专业类型的数量)。目前教育部公布的《中等职业学校专业目录(2010年修订)》共分为19个专业类、321个专业、927个专业(技能)方向,列举对应职业(岗位)1 185个,列举职业资格证书720个,列举继续学习专业方向554个。(2)专业的规模结构,即各个专业类别的办学规模大小。(3)专业的生命周期结构,即各个专业类别的办学时间长短。具体到一所学校,专业结构的科学与合理,取决于学校对自身办学定位与社会对专业人才需求的准确把握,是学校进行人才培养和服务社会经济发展的生命力。

专业群(Specialty grouping)

专业群是指由若干个专业技术基础相同或紧密相关,表现为具有共同的专业技术基础课程和基本技术能力要求,并能涵盖某一技术或服务领域的专业组成的一个集群。其主要特征有:(1)各专业可属同一专业大类,也可属不同专业大类,但有相同的工种对象和相近的技术领域,在教学上接受共同的专业技术基础课程和基本技术能力(技能)培养,在实验实训上,大量实训设施设备是共用的,大部分实验实训项目是共同的,能在同一个实训体系中完成基本的实践性教学。(2)专业群内的核心专业是学校长期办学过程中逐步发展形成的,在教学资源、专业教学团队、实训体系等诸方面形成整体优势,具有良好的育人环境。(3)专业群中的各专业或专业(技能)方向能对接企业岗位群,形成专业群对接区域产业链的培养模式。

专业教学标准(Specialty-specific teaching standard)

专业教学标准由国家教育主管部门(或综合改革试点省市教育主管部门)组织制定和审定,是政府规范职业学校专业建设、专业教学以及进行专业评估的纲领性指导文件,也是学校开设专业、设置课程、组织教学的依据,也可以作为学生选择专业和用人单位招聘录用毕业生的依据,具有科学性、规范性、实用性、发展性等特点。它具体规定了专业名称、入学要求、学习年限、培养目标、职业范围、人才规格、任务与职业能力分析、专业(实训)课程、课程结构、指导性教学安排、专业教师任职资格和实验(实训)装备等内容。

公共基础课程(General required course)

公共基础课程又称为公共必修课、普通文化课,是中等及以上院校中任何专业的学生都必须修习的课程。它是根据培养各类专门人才的总目标和素质教育的普遍要求开设的,具有基础性地位和工具性作用。其任务是引导学生树立正确的世界观、人生观、价值观,保证所培养的人才在德、智、体诸方面充分发展,提升学生的综合素质,满足职业生涯发展需要。主要包括思想政治理论、语文、数学、外语、体育、计算机等课程。

专业核心课程(Specialty core course)

专业核心课程是中等及以上院校根据专业所面向的工作岗位需要的核心能力要求,结合教育教学规律和专业培养目标而确定的课程,是学生掌握专业核心知识和培养专业核心能力的主要途径,是整个课程体系的基础和精华,在支撑专业的主干课程中居于最重要、最关键的位置。它作为职业教育课程体系的主体,具有相对稳定性,在教学改革中居于核心地位。

专门化方向课程(Specialty-specific course)

专门化方向课程又称专业(技能)方向课程,是中等及以上院校根据专业相应职业岗位必备的综合能力而构建的课程模块,是专业课程的延伸,包含了从事这一职业类别中一定专业岗位工作必须掌握的专业知识和专业技能,以职业资格为导向,注重专门化技能培养,既保证了学生宽泛的专业基础,又为未来职业发展的需要作好准备。它具有灵活性、针对性和实用性等特点。

实训课程(Training course)

实训课程是职业院校为强化学生专业技能训练,在进行相关课程理论学习的同时,运用所学的理论知识进行分步技能训练和综合性训练的一种实践性教学课程,旨在培养学生良好的职业道德,强化学生的实践能力和职业技能,提高综合职业能力。该类课程主要在校内外与所设专业相适应的实训基地中进行,按照专业培养目标和教学计划并结合理论教学,通过努力营造真实职业环境,让学生在参与和体验中培养学习兴趣,强化实际操作能力,帮助学生增强就业的竞争力。

能力本位课程(CBC)(Competency-Based Course)

能力本位课程是围绕职业工作岗位所要求的知识、技能和能力,以培养学生的职业能力为导向,通常采用 DACUM(Developing A Curriculum 的缩写,即职业能力分析)技术进行开发的符合职业教育本质的课程模式。与学科本位的价值取向不同,能力本位以职业能力为中心,以胜任岗位要求为出发点,预先确定某个岗位或岗位群完整的职业能力标准,以岗位职业能力为基础开发课程。

同时,制定明确、具体的行为化教学目标,作为实施教学的依据和评价学生的标准。在教学实施上,依据学生个人的基础差异和学习进度,采取个性化教学,引导学生进行相关知识、技能学习并达到预定的职业能力水平。

双元制课程(Dual-script system course)

双元制课程是一种以能力为本位的课程模式,是德国职业教育中最具特色并成为其核心部分的课程模式,为当今国际职业教育借鉴的典范。这种课程模式的实施以校企双方的合作为基础,以市场和社会需求为导向,以职业能力为核心,注重实践、技能的培训,旨在培养学生的综合职业能力和关键能力。课程的选择以职业活动为中心,除了充分考虑从事相应职业所需的各种知识和技能外,同样重视关键能力在适应就业、竞争和职业生涯发展上的要求;课程编排采用以职业活动为核心的阶梯式课程结构;课程实施中受培训者以学徒身份在企业内接受职业技能和相应知识的培训,同时又在职业学校里以学生的身份接受与职业有关的专业理论和普通文化知识教育。

三明治课程(Sandwich course)

三明治课程是实施"理论—实践—理论"工学交替、产教结合的人才培养模式,即把学生在校的课程学习与在相关行业的工作结合起来,以提高学生的工作技能和实践能力。该模式最早是在1903年由英国桑德兰技术学院实施的。由于学生在接受教学中夹有工作训练,采用"学习—实践—学习"这一模式,类似于三明治面包,由此而得名,又名夹心课程。三明治课程适用于职业技术学校和专业技术类高等学校,实施方式是在两学期之间,通过在校授课和到企业实习相互轮替的教学方式,实现以职业素质、综合应用能力为主的人才培养目标。

MES 课程（MES course）

MES 是英文 Modules of Employable Skills 的缩写，译为"就业技能模块组合"。MES 课程是国际劳工组织（ILO）于 20 世纪 70 年代开发的一种旨在使受训者用最短的时间和最有效的方法学到一门技能的职业技能培训课程模式。这种课程模式以行为主义心理学和"活动分析"课程理论为基础，以对具体工种的任务和技能进行科学分析为前提，以"模块"和"学习单元"为核心，主张"以学员为中心"、"由学员自我调节学习进度"，对教师强调"指导"，对学员强调"做"，课程模块化组合灵活。

职业生涯教育（Career education）

职业生涯教育是有目的、有计划、有组织地培养个体规划自我职业生涯的意识与技能，以发展个体综合职业能力，促进个体职业生涯发展，引导个体进行并落实职业生涯规划为主线的综合性教育活动，其前身是职业指导。1971 年，美国联邦教育署署长马伦（Marland）博士正式提出了"生涯教育"观念。职业生涯教育可以具体理解为以下几方面：

（1）职业生涯教育是有目的、有计划、有组织的教育活动；
（2）职业生涯教育是系统性、持续性、动态发展的教育活动；
（3）职业生涯教育是综合性的教育活动。

专业课教师（Specialty course teacher）

专业课教师是在高等院校和中等职业学校中传授某一专业教学计划所规定的专业课程的专业知识与专门技能的教学专业人员。专业课教师必须按照我国现行教师资格制度规定具备相应学历并取得教师资格，享有其教师权利，履行其教师义务。专业课教师的工作要求是掌握全面的专业理论知识，具备丰富的专业实践经验,完成为培养某一种专门人才的要求而设置的专业教学计划,把受教育者培养成该专业领域社会需要的人才。

公共基础课教师(General education course teacher)

公共基础课教师是在高等院校和中等职业学校中担任公共基础课(任何专业的学生都必须修习的课程,例如思想政治课、外语、体育、计算机应用基础等)教育教学的专业人员。该类教师必须按照我国现行教师资格制度规定,具备相应学历并取得教师资格,完成相应教学计划所规定的教学任务,其教育教学目标指向提高学生全面素质和综合职业能力,为学生的专业课学习奠定基础。

实践指导教师(Practice guidance teacher)

实践指导教师是高等院校和中等职业学校在学生的实践性教学中(包括实验、实习、设计、工程测绘、社会调查等)担任组织和指导工作的教师。其职责旨在使学生获得感性知识,掌握技能、技巧,养成理论联系实际的作风,培养独立工作能力和良好的职业心理品质。其指导工作通常在实验室、实习场所等一定的职业活动情景下进行,不但要求其具备完备的专业理论知识,更要求其具有丰富的专业实践经验。

外聘(兼职)教师[External(part-time)teacher]

外聘(兼职)教师,广义是指学校聘请的承担教学任务或教学管理工作的校外教师。他们不占学校编制,以兼任的工作量取酬;狭义特指由职业学校和职业培训机构聘用的能够独立承担某一门专业课教学或实践教学任务,有较强实践能力或较高教学水平的专业技术人员、有特殊技能的人员和其他教育机构的教师。该类教师主要从企业及社会上的专家、高级技术人员和能工巧匠中聘请,旨在解决专业技术师资问题。

专任(专职)教师(Full-time teacher)

专任(专职)教师是专门在某一学校或教育机构担任教育教学工作,并完成规定教学工作量的教师。按照我国现行教师资格制度规定,专任教师应具备相应学历并取得教师资格,享有教师权利,履行教师义务,并与学校签署正式的聘用协议。

双师型教师(Dual-qualified teacher)

双师型教师是职业教育对专业课教师的一种特殊要求,一般指既能从事理论教学,又能指导学生技能训练的专业教师。目前,国家还没有双师型教师资格认定的统一标准,各院校都是根据自己的理解来提出双师型教师素质的要求。

专业(学科)带头人(Discipline leader)

专业(学科)带头人特指在职业院校中某一专业的教学骨干领军人物,通常负责该专业的人才培养方案设计、专业教育教学组织、专业学生管理、专业就业市场开拓等工作。专业带头人不同于学术带头人,后者强调学科理论研究,而前者重点是指导和领导专业教师团队从事专业建设与专业教学研究以及实践教学研究等,有较强的组织协调能力。

职业(Profession)

职业是指社会成员根据社会分工的需要,并以此作为自己主要生活来源的手段而从事的社会劳动或社会工作的类别。具体的类别中包含基本相同的工作性质,但职责岗位可以有所不同,它可以存在于不同单位和行业。如医生作为一种职业,分为内科医生、外科医生、妇科医生、儿科医生等,他们又分散在各个医院。教师作为一种职业,又有不同学科教师之分,工作岗位分布于城市、乡村。职业具有目的性、社会性、稳定性、规范性和群体性等特征。

职业资格证书(Professional qualification certificate)

职业资格证书是指按照国家制定的职业技能标准或任职资格条件,通过政府认定的考核鉴定机构,对劳动者的技能水平或职业资格进行客观公正、科学规范的评价和鉴定后颁发的证明,证明该劳动者的从业资格。与学历文凭证书不同,职业资格证书与劳动活动密切相关,反映特定职业的实际工作标准和规范以及劳动者所达到的实际能力水平。它是劳动者求职、任职、开业的资格凭证,是用人单位招聘、录用劳动者的主要依据,也是境外就业、对外劳务合作人员办理技能水平公证的有效证件。我国职业资格证书分为五个等级:初级(国家职业资格五级)、中级(国家职业资格四级)、高级(国家职业资格三级)、技师(国家职业资格二级)和高级技师(国家职业资格一级)。

职业技能鉴定等级(Level of professional skill appraisal)

职业技能鉴定等级是指基于职业技能水平的考核标准分级,是根据国家制定的职业技能标准或者任职资格条件确定的。同一职业技能由于练习次数、质量以及个别差异等因素的影响,形成了不同层次的完善水平,在此基础上进行科学分析和划分,区分不同层次水平。由于工作的复杂性、精确性和责任大小,对应了不同的技术理论知识和实际操作能力,以此确定的不同的职业技能层级就是职业技能鉴定等级。我国职业技能鉴定等级分为五级(初级)、四级(中级)、三级(高级)、二级(技师)和一级(高级技师)五个等级,这是职业技能鉴定的标准。

岗位(Post)

岗位是指具有确定职责、任务和具体内容的工作位置。它是企业按照劳动分工、协作和组织的要求,根据生产运作的实际需要而设置的,由工种、职务、职称和等级等内容组成。岗位是生产力发展的产物,随着社会分工、劳动结构的改变以及企业的具体情况而变化。不同的岗位,需要有不同的知识和能力结构,它是一切从业人员劳动、学习的主要场所,不仅构成了企业劳动管理的基础,也是社会劳动结构的基本单位。对于中等职业教育而言,专业设置、课程等方面要对应有关岗位要求。

岗位群(Post group)

岗位群是指同一职业领域里彼此相关的社会职业或某类技术岗位的集合。在行业分析中,它属于大、中、小职业分层的"大、中层职业",是按照职业能力同一性与培养目标同一性原则,采取归并方法所确定的在专业所覆盖的职责、任职能力要求等方面相似的若干社会职业或劳动岗位的集群。一定的专业适应性与一定的岗位针对性相结合是岗位群的基本含义,它在一定时期内具有一定的相对稳定性,但随着科学技术的不断进步,生产企业技术改造的投入,各单个岗位是不断变化的,构成岗位群的元素也随之变化。对职业教育而言,专业设置、专业结构以及课程都需要对应岗位群的要求。

实习(Internship)

实习是指根据一定的教学目标,在实际工作环境中,通过教师或者师傅的指导,使学员获得有关的实际知识和技能,培养独立工作能力和职业心理品质的较长时间的实践活动。在职业教育中,它是理论同实践相结合的主要途径,对学员的知识技能,不仅起到综合检验的作用,还具有加强或弥补的功能。由于培养目标、专业(或工种)性质不同,实习内容、要求、方式和方法多种多样,有教学实习、生产实习、临床实习等。

实验(Experiment)

实验是指根据具体研究目的,在一定的理论假设或研究设想指导下,通过人为的控制因素,运用必要而又合乎情理的控制方法变革、控制或模拟实验对象,从而有目的、有计划地观察实验对象,最终探索科学规律的研究方法。实验是科学研究的基本方法之一,常分为实验室实验和自然实验。在不同的学科和领域,实验的含义也不尽相同。

实训(Training)

实训是职业技能实际训练的简称,是指根据某种职业教育需要,在校内外的实训场所,按照人才培养规律与目标,以提高学生职业能力为目的的实际技能训练的过程。通常包括单项能力实训和综合技术应用能力实训,也包括毕业设计等职业岗位实训,培养从事专业领域实际工作的基本操作技能和基本技术应用能力,是学校职业教育实践教学体系的一个重要环节。

实训基地(Training base)

实训基地是指在职业教育中配合理论教学而设置的为学生提供实践教学、保证学生掌握一定职业技能的实践训练场所,是针对行业或职业岗位群的专业技能而设立的、用于开展系统技能培训的仿真工作环境,包含场所、设备、教学指导人员、教学计划等要素。职业教育实训基地包括校内实训基地和校外实训基地。随着教育改革的深化,学校与社会的交流融合,职业教育实训基地逐步具有向社会开放的功能,以促进实训基地资源的充分利用。

实训室(Training room/Simulant teach room)

实训室是指职业院校为验证及巩固理论知识、训练基本操作技能、培养学生创新能力及提高学生综合素质的基层实训组织,是实景化配置、真实反映企业的生产过程,将理论教学与技能训练、实际操作有机结合的实训场所,如电气控制实训室、建筑给排水实训室和汽车发动机构造与维修实训室等。学生可以在直接的生产过程中,通过工作位置上的实际操作进行实训,身临其境地感受不同岗位的工作与职责。

实训模块(Training module)

实训模块是指为培养学生某种职业能力和提高学生实际动手能力,围绕一个实训教学目标,将若干个独立但相互联系的实训内容,有机组合成一个整体,使实训教学内容更加符合学生的认知逻辑和现实岗位的真实要求。实训模块包括基本实训模块和项目实训模块。基本实训模块是以基本技能的训练和设备的使用为内容的模块,项目实训模块是以岗位项目的训练和岗位设备的操作为内容的模块。一个项目实训模块可包括若干个基本实训模块。

实训工位(Training location)

实训工位是指实训教学中,在实训场所里向一个或一组学生提供的进行实际技能训练的区域。包括完成该项实训任务所需的设备、机器、装置,存放产品和废料的料架,存放工具和资料的用具,起重运输工具,安全保障设备以及训练空间等。

五

实践探索与理念发展

1. 教育理念与改革实践

教育公平（Educational equality）

教育公平是指全体社会成员在各种公共教育资源方面享有同等的权利。它是政府对教育资源进行配置和提供教育公共服务时所依据的合理性的规范或原则,包括起点公平、过程公平和结果公平三个层次。

教育问责（Educational accountability）

教育问责是指教育权利主体按照相关法律法规的规定,要求承担相应责任的教育权利客体对履责行动的动机和过程等给予说明和解释,并在此基础上对照既定考核指标作出综合评估,并给予教育权利客体相应奖惩的过程。

义务教育均衡发展（Even development of compulsory education）

义务教育均衡发展是一种教育公平理念和政策,指通过法律法规确保公民享有接受义务教育的权利,并履行接受义务教育的义务,通过制定相应政策,均等配置教育资源,为公民提供相对均等的教育条件,最终确保公民获得成功的机会均等。义务教育均衡发展涉及范围很广,包括不同群体、不同学校、不同区域、不同阶段以及城乡之间等多个方面的教育均衡发展。

高中教育多样化发展(Diversification of senior high school education)

高中教育多样化发展是新时期我国高中教育从精英化进入普及化发展阶段后,针对普通高中办学同质化倾向,所提出的高中教育发展定位和重要策略,是当前高中教育改革的主要目标。其内涵是适应现代化建设对各类人才的需要,促进普通高中办学体制和培养模式的多样化改革,满足不同潜质学生的发展需求,探索发现和培养创新人才的途径。高中教育多样化发展的具体措施有加强课程的多样化与选择性,鼓励普通高中形成各自的办学特色等。《国家中长期教育改革和发展规划纲要(2010—2020年)》明确提出推动普通高中多样化发展。政府和教育行政部门也逐渐加大了对高中分类指导、个性评价的力度。

成功教育(Success education)

成功教育是在以上海闸北八中为试点开展教育改革研究的基础上,总结提炼出的一种教育理念和教育模式,其基本内涵是转变教育观念和方法,师生共同确立人人都能成功的理念,确定符合实际的阶段性成功目标,不断克服困难,尝试成功的体验,最后达到成功。成功教育倡导学生自我教育,是追求学生潜能发现和发展的教育,是追求全体学生全面发展的教育。现任上海市成功教育研究所所长、上海闸北八中校长刘京海是成功教育改革与研究的主要发起人、组织者和实践者。

国际理解教育(Education for international understanding)

国际理解教育是指在多元文化背景下,为让不同种族、宗教信仰和不同国家、地区的人们正视客观存在的差异,增进相互理解与合作,共同面对人类面临的重大问题,谋求持久和平及人类和谐共存而进行的教育活动。联合国教科文组织在1974年第18届大会上,通过了《关于教育促进国际理解、合作与和平及教育与人权和基本自由相联系的建议》,国际理解教育在许多国家广泛开展。

理解教育(Understanding education)

理解教育全称"理解型素质教育",是华东师范大学熊川武教授于21世纪初创立的一种教育理论,是以理解理论为指导的,作为理解主体的师生与理解对象相互交流在感情、认知与行为上筹划并实现生命可能性的过程,也是使弱生(通常说的"后进生"或"学困生")上进、优生更优,全体学生齐发展的实践形态。初期在上海市金山区实验,后参与学校与人数不断增加,影响不断扩大。理解教育的大致步骤包括:(1)理解氛围的营造;(2)理解观念的促成,组织师生学习理解理论、吟诵理解歌、习练理解操,逐步加深对理解的认识,从而形成牢固的理解观念;(3)施教理解课,包括心理准备、沟通理解、解题理解和跟踪理解四个步骤;(4)理解型班主任工作,包括感情融洽、教育激励、预防矫正、外围疏导等策略群,以及范型言说、校内留学、我感信息、暗示意会、罚后安抚等二十余种策略。

全纳教育(Inclusive education)

全纳教育是20世纪90年代在国际社会上兴起的一种新的教育理念。全纳教育的基本思想是接纳所有学生,反对排斥歧视,满足不同需求,促进积极参与,注重集体合作。全纳教育作为民主社会的教育理念,它的产生及其在各国的实践,对于保障与实现所有儿童的平等受教育权具有重要的意义。

生命教育(Life education)

生命教育是指基于生命的特性和学生发展的需要,通过开展一系列与生命相关的课程和活动,帮助学生认识生命、珍惜生命、尊重生命、欣赏生命,进而热爱生命,提高生存能力和生命质量,促进身心健康和谐发展的一种教育活动。

民族精神教育(National spirit education)

民族精神教育以中华民族共有的思想品格、价值取向和道德规范为教育内容,针对不同年龄段学生身心发展的特点,进行有目的、有计划、有组织的教育活动,引导学生树立正确的世界观、人生观、价值观,培育民族情感和民族信念,继承并弘扬中华民族优秀文化精神。民族精神教育是德育的根基,应纳入国民教育的全过程,纳入精神文明建设的全过程。上海市教育委员会在德育理论与实践研究的基础上,于2005年提出了以爱国主义为核心,包括国家意识、文化认同、公民人格教育三大内容为主干的《上海市学生民族精神教育指导纲要》(参见"两纲教育"词条)。

愉快教育(Happy education)

愉快教育是20世纪80年代由上海市第一师范学校附属小学校长倪谷音带领教师们,通过学校教育改革实验探索,总结提炼出的一种教育思想和办学特色。愉快教育是从情感教育入手,给孩子们爱和美,激发孩子们的兴趣和创造,实施智能教育、情感教育、意志教育并重的整体性人格教育。让孩子们愉快地学习与思考,愉快地活动和创造,愉快地生活与成长,在德、智、体、美和知、情、意、行各个方面得到全面、和谐的发展。20世纪80年代后期,上海组织有关教育行政领导、校长、教师与教育科研工作者对愉快教育进行全面总结,从理论上提炼出愉快教育的四要素——爱、美、兴趣、创造。20世纪90年代,国家教委将愉快教育作为基础教育改革中比较成功的模式向全国推广。

新基础教育(New basic education)

新基础教育是由华东师范大学叶澜教授于20世纪90年代初发起并主持的一项综合性大型改革试验研究。该研究历时15年,分为三个阶段,即探索性阶段(1994—1999年)、推广性、发展性阶段(1999—2004年)和成型性阶段(2004—2009年),先后有上海、江苏、山东、福建、广东、海南等省市数百所学校加入试验。

新基础教育研究以中小学为基本研究单位,意在以变革的方式实现学校转型,创建21世纪新型学校,以改变师生在校生存方式,促进其精神生命主动健康发展为根本宗旨,研究的核心领域是课堂教学、班级建设和学校领导与管理。华东师范大学课题组、试验学校的教师和校长在深入而持久的合作互动式研究过程中,探索并形成了以不断地展开"学习、研究、实践、反思、重建"为基本特征的"研究性变革实践"方式,实现了教育理论与教育实践在研究过程中的内在沟通、相互创生和双向构建,同时也在合作互动过程中实现了理论工作者与实践工作者的共同发展。

目前,新基础教育研究团队以新基础教育研究中心为平台继续运作,并在江苏、上海等地部分市、区持续推进新基础教育的区域性试验。

新教育实验(New education experiment)

新教育实验是由朱永新教授主持的一项基础教育改革实验。2002年10月,新教育实验在苏州昆山玉峰实验学校正式启动,至今全国参与新教育实验的学校已达数百所。

新教育实验追求四重教育境界:成为学生享受成长快乐的理想乐园,成为教师实现专业发展的理想舞台,成为学校提升教育品质的理想平台,成为新教育共同体的精神家园和共同成长的理想村落。其核心理念是为了一切的人,为了人的一切。其基本观点是:无限相信学生与教师的潜力;教给学生一生有用的东西;重视精神状态,倡导成功体验;强调个性发展,注重特色教育;让师生与人类崇高精神对话。新教育实验的探索和实施可归纳为"六大行动",即营造书香校园,师生共写随笔,聆听窗外声音,双语口才训练,建立数码社区,构建理想课堂。

素质教育(Quality-oriented education)

素质教育是我国在20世纪80年代中期提出的以克服基础教育阶段片面追求升学率的倾向,促进中小学生素质全面发展为目的的教育。素质教育具有全体性、全面性、主体性三大基本特征。全体性是指教育对象的全体性,即教育要面向全体学生,这是素质教育的本质要求。全面性是指素质教育目标的全面性,即德、智、体、美等方面全面、和谐地发展。主体性是指要把学生当成活生生的"人",充分发挥学生的能动性、独立性,培养学生的主体意识,增强学生的创新精神和实践能力。实施素质教育是我国基础教育改革的基本思路和发展方向。

应试教育(Exam-oriented education)

应试教育是在我国基础教育阶段客观存在的以片面追求升学率为目的,围绕"应试"开展教育教学活动的一种教育倾向。应试教育主要有四大特征,即教育内容重智育、教育方式重灌输、教育对象重少数、教育结果重升学。应试教育违背了受教育者和社会发展的根本需要,阻碍了学生全面、健康地发展。1993年《中国教育改革和发展纲要》明确提出:中小学要由应试教育转向全面提高国民素质的轨道。

多元智能理论(Multiple intelligences theory)

多元智能理论是由美国教育学者加德纳(H.Gardner)提出的关于人类智力结构的理论。该理论认为人的智力是多元的,个体身上存在着相对独立的、与特定的认知领域或知识范畴相联系的八种智能,分别是语言智能、音乐节奏智能、身体运动智能、数理逻辑智能、视觉空间智能、人际关系智能、内省智能和自然智能。环境和教育对于这些智力潜能的开发和培育具有重要作用。

建构主义学习理论(Constructivist learning theory)

建构主义学习理论是学习理论继行为主义、认知主义后的新发展,盛行于20世纪90年代。它以杜威、皮亚杰和维果茨基等人的思想为基础,对知识的构建、学习过程的发生和学习环境的营造等人类学习过程的认知规律进行了阐释。建构主义学习理论存在不同取向,其基本观点是强调知识是基于具体情境不断变化的,学生是知识的主动构建者。教学中应当以学生为中心,通过充分的发现探究和参与体验,帮助学生从已有的知识经验中构建出新的知识经验。教师应是学生主动构建知识的促进者、合作者和指导者。

情境学习理论(Contextual learning theory)

情境学习理论是20世纪80年代末、90年代初兴起的一种新的学习理论。情境学习理论认为,知识是具有情境性的,知识是活动、背景和文化产品的一部分,知识正是在活动中、在其丰富的情境中不断地被运用和发展着。学习应是情境、文化和学习活动的共同功能,学习需要社会的交互与合作,脱离个体生活的真实环境来谈学习毫无意义,个体与环境的相互作用是形成能力以及社会化的必经途径。教师是学习的促进者、引导者、合作者,教师的作用在于为学习者提供真实的学习情境,促使学习者建构知识和意义。情境学习理论作为提供有意义的学习并促进知识向真实生活情境转化的重要学习理论,对于重新认识学习者的学习、反思传统教学具有革命性的影响,被认为是教学观的"第三次转变"。

全面质量管理(Total quality management)

全面质量管理是指某个组织在综合考虑成本和用户需求的基础上,以质量为中心,构建起全体成员参与、贯穿全过程、综合运用各种科学技术手段的质量管理体系,以维持和提升产品质量,使用户、组织自身及社会长期受益。全面质量管理最初主要运用于商业领域,后逐渐推广至教育等领域,对教育质量保障产生了积极影响。

人本主义学习理论(Humanist learning theory)

人本主义学习理论兴起于20世纪60年代,是与程序教学运动、学科结构运动齐名的20世纪三大教学运动之一。它以人的整体性研究为基础,重视学习过程、学习者潜能的发挥以及人的主观能动性。其主要观点包括:提倡以学生为中心,认为教师的职责是促进学生学习;倡导探究式的学习方法;注重学生自我评价,提倡多样化的评价方式。人本主义学习理论对学习者自由选择的强调,对发展个人潜力的重视,对人的思维能力和创新能力的要求,以及其人性化的教育主张,对当代教学和评价产生了一定的影响。

学习型组织(Learning organization)

学习型组织是指确立了共同愿景,形成团队互动的学习氛围,并在充分发挥组织成员创造性思维的基础上,建立的一种高度柔性的、人性化的、可持续发展的组织。学习型组织的核心内容是通过营造每个成员不断学习和再思考的氛围,创造良好的团队成员互动和组织学习的环境,从而对组织成长的各个环节进行持续不断的优化,以实现组织长远的发展目标。学习型组织的五项要素是:建立共同愿景,团队学习,改变心智模式,自我超越,系统思考。

终身学习(Lifelong learning)

终身学习的概念是20世纪60年代后期,伴随终身教育及相关理念的普及和认识的深化而逐渐产生的。它是指个体根据自己终身发展的需要,选择适合于自己的途径和方法而自觉进行持续一生的学习。终身学习理论认为学习应该贯穿人的一生;学习和教育不再是少数人的事情,应该包括全体社会成员;学习和教育的内涵方面应包括知识、素质、技能、能力以及所有的学习活动;学习和教育可以通过多种途径、方式,在不同的场合进行;强调以学习者为中心,关注学习者的多样化需求。

2. 评价理念与探索实践

表现性评价(Behavior evaluation)

表现性评价是学业评价的一种方式,强调在模拟真实或完全真实的情境中运用所学的知识解决实际问题,它反映的是学生在各种真实的情境中使用知识和技能的能力以及学习的真实面貌,其形式主要包括建构式反应题、调查报告、作文、演说、操作、实验、资料收集、作品展示等。因此,表现性评价是一种新型的更为直接地考核学生学业的方法,它在测查学生的高级思维能力和综合运用所学知识解决实际问题的能力、激发学生的学习动机以及优化教学过程方面有显著作用。

多元化评价（Multiple evaluation）

多元化评价是指全面反映学生成长历程的一种评价制度。在评价过程中，不仅评价指标多元，如包括学生知识、能力和综合素质等，而且评价方式和手段也多样化，如综合运用观察、交流、学业水平测试、实际操作、作品展示、自评与互评等多种方式。多元化评价有利于把学业测试与平时成绩相结合，把智育与德育、体育、美育等相结合，把知识与能力相结合，把分数评价与其他评价相结合，对培养具有创新精神和创新能力的高素质人才，对构建科学的课程考核和学生学习评价体系，提高课程教学质量具有重要的意义。

发展性评价（Development-oriented evaluation）

发展性评价是一种以建构主义哲学观为基础的评价理论，最早由英国开放大学教育学院的纳托尔（Latoner）和克里夫特（Crift）于20世纪80年代初提出，是一种以教育的发展为评价对象，又以教育的发展作为目标的评价。其基本特点在于以"协商"为基础，评价者与评价对象共同建构评价过程，其目的是通过评价促进教育发展。

绩效评价（Performance evaluation）

绩效评价是通过运用数理统计等科学方法，对目标实现度、资源使用、过程安排以及活动效果实施全面的动态评价。与传统教育评价相比，绩效评价不仅重视教育活动结果，更关注教育资源的使用和整个过程的安排，甚至关注教育目标本身。绩效评价的原则是以社会效益为主，没有绝对划一的评价标准，尽可能获取现场资料，外部评价与内部评价相结合。

学校绩效评价（Evaluation of school performance）

学校绩效评价是指运用一定的评价方法和标准，对学校教育目标的实现程度及其教育资源使用的效益进行综合性评价,目的在于提高学校办学的效能。

增值评价(Value-added evaluation)

增值评价以学校教育活动对学生预期成绩的增值为教育评价标准,用来判定学校对学生发展的影响,是一种发展性学校评价模式。增值评价的主要内容是以学生的学业成就为评价依据,通过相关的统计分析技术,聚焦学校的工作措施对学生发展的作用,以及控制生源因素对学生最终学习质量的影响,从而实现对学校教育教学效果实际影响的评价。增值评价的目的在于有效地引导学校进行从重投入到重过程、从重生源到重培养、从单纯注重结果到关注教育全过程的评价。

真实性任务评价(Real task evaluation)

真实性任务评价是指不单纯采用传统的标准化测验的形式,而是采用多种途径,在非结构化学习情境中评价学生学习结果的一系列评价方法。真实性任务评价的核心是通过提供给学生与现实生活相关领域类似的真实性任务,让每个学生充分应用相关知识、技能以及策略,表现其理解水平和对知识的应用能力。其目的是要促进学生解决实际问题能力的提高。其真实性包括:学习任务的真实性、评价信息的真实性、评价标准的真实性、评价环境的真实性、评价方式的真实性、评价内容的真实性。

国际数学与科学评价项目(TIMSS)(Trends in International Mathematics and Science Study)

国际数学与科学评价项目(简称 TIMSS)是由国际教育评估协会(International Association for the Evaluation of Educational Achievement,简称 IEA)创立的国际教育评估项目。该项目对参与

国四年级及八年级学生的数学和科学成就进行测试,收集有关教育体制、学校组织管理、课程教学、教师和学生等教育背景因素,并据此对学生的测试结果进行解释和补充,其目的是在国际比较的框架下,为各国提供关于数学及科学教育成就的现状及发展趋势的信息,在对教育成就进行原因分析的基础上调整教育政策,改进学校课程与教学,提升数学与科学的教和学的质量。TIMSS 始于 1995 年,其后每四年举行一次,参与的国家和地区众多(包括中国台湾和中国香港在内的 67 个国家和地区参与 TIMSS 2007 评价项目)。在常规评价的基础上,2008 年新增了高级数学和物理评价项目(TIMSS Advanced 2008),对中学阶段最后一年参加过高等数学和物理课程学习的学生进行评价,判断他们是否为进行更高层次数学和物理的学习作好了准备。

教育部基础教育质量监测项目(National quality evaluation program of basic education)

教育部基础教育质量监测项目是由教育部基础教育课程教材研究中心主持的基础教育质量监测项目。该项目填补了我国没有专业的和全国规模的学业质量评价的空白。随着课程改革的推进,学生的学业质量问题成了教育系统和社会公众普遍关注的问题。建设学生学业质量的科学评价体系,建立配套的诊断、反馈与指导改进系统是保障学生学业质量不断提高的基础性工作。该项目的指标体系既基于课程标准评估学业质量,也关注影响学业质量的其他要素,如师生关系、学校环境、睡眠时间、作业总量、教学方式、样本教研、校本课程等。项目的研究与实施有利于整体上科学把握学业质量的水平,科学了解地区间、学校间学业质量的差距,使得实现教育公平有了基础;有利于深入分析影响学业质量的关键因素,从而有针对性地提出提高学业质量的政策与措施,引导地方全面实施素质教育;有利于各级教学研究部门了解学生学习中的优势和不足,从而有针对性地展开教育教学研究和培训,以便改进教学和提高质量。2003年,教育部基础教育司成立了项目组,并在上海浦东新区率先进行尝试,从指标体系的设计、测验工具开发及质量分析和保证、抽样设计和测试组织实施、标准确定和表现水平描述、结果分析报告、教育教学研究和试验等六个方面建立完善的学业质量评价机制。目前,该项目的实施已覆盖全国十余个省市。

国际学生评估项目(PISA)(Program for International Student Assessment)

国际学生评估项目(简称PISA)是由经济合作与发展组织(Organization for Economic Co-operation and Development,简称OECD)创立的国际教育评估项目。此项目通过对阅读素养、数学素养和科学素养等三大主要领域的测试,评估15岁学生在完成义务教育后,是否掌握了社会所需的知识和技能。PISA的评估设计是基于"终身学习"(Lifelong learning)的动态模型,评估的重点是主动参与社会和经济生活所必需的、可被视为终身学习先决条件的基本知识和技能。PISA采用滚动式测评机制,定期对全世界许多国家和地区(2009年已有65个国家和地区,包括中国上海)进行阅读、数学和科学素养水平的监测分析,参与此项目的成员遍及世界各大洲,主要是OECD的成员。中国上海从2009年起参加了该项目的测试与项目合作研究。

世界教育促进联盟(AdvancED)(Advancing excellence in education worldwide)

2006年4月,美国中北部协会认证和学校促进委员会(NCA CASI)、南部院校协会认证和学校促进理事会(SACS CASI)以及美国学校评估研究会(NSSE)共同建立了一个名为世界教育促进联盟的机构。2008年受国际与跨地区认证委员会(Commission on International and Trans-regional Accreditation,简称CITA)委托,世界教育促进联盟开展国际认证服务,成为一个国际性的中介性非政府认证机构,致力于开展国际范围的学校认证,以期实现教育质量改进,已组建了一个由跨越美国和全球65个国家和地区的27 000所公立和私立的认证学校构成的教育联盟。该联盟近年来在我国上海等城市也认证了部分学校。

参 考 文 献

词典类

[1] 车文博. 当代西方心理学新词典. 长春：吉林人民出版社，2001.

[2] 顾明远. 教育大辞典. 上海：上海教育出版社，1990.

[3] 顾明远. 教育大辞典（增订合编·上）. 上海：上海教育出版社，1998.

[4] 教育部高等教育教学评估中心. 中国高等教育评估词汇. 北京：高等教育出版社，2010.

[5] 李冀. 教育管理辞典. 海口：海南出版社，1997.

[6] 李燕杰，等. 德育辞典. 武汉：湖北辞书出版社，1987.

[7] 朴永馨. 特殊教育辞典. 北京：华夏出版社，2006.

[8] 陶西平. 教育评价辞典. 北京：北京师范大学出版社，1998.

[9] 王焕勋. 实用教育大辞典. 北京：北京师范大学出版社，1995.

[10] 王忠民. 幼儿教育辞典. 北京：中国大百科全书出版社，2004.

[11] 吴清山，等. 教育小辞书. 台北：五南图书出版公司，2003.

[12] 夏征农，等. 辞海. 上海：上海辞书出版社，1999.

[13] 中国社会科学院语言研究所词典编辑室. 现代汉语词典. 5版. 北京：商务印书馆，2005.

[14] 谢新观，等. 远距离开放教育词典. 北京：中央广播电视大学出版社，1999.

[15] 张焕庭. 教育辞典. 南京：江苏教育出版社，1989.

[16] 朱作仁. 教育词典. 南昌：江西教育出版社，1987.

[17] 中国百科大辞典编委会. 中国百科大辞典. 北京：华夏出版社，1990.

著作类

[1] R. M. 加涅,等.教学设计原理.皮连生,等,译.上海:华东师范大学出版社,1999.

[2] 班杜拉.思想和行动的社会基础:社会认知论.林颖,等,译.上海:华东师范大学出版社,2001.

[3] 陈会昌.中国学前教育百科全书·心理发展卷.沈阳:沈阳出版社,1995.

[4] 陈瑶.课堂观察指导.北京:教育科学出版社,2002.

[5] 陈玉琨.教育评估的理论与技术.广州:广东高等教育出版社,1987.

[6] 陈玉琨,等.课程改革与课程评价.北京:教育科学出版社,2001.

[7] 陈玉琨.教育评价学.北京:人民教育出版社,1999.

[8] 仇立平.社会研究方法.重庆:重庆大学出版社,2008.

[9] 崔允漷,等.基于标准的学生学业成就评价.上海:华东师范大学出版社,2008.

[10] 单志艳.如何进行教育评价.北京:华语教学出版社,2007.

[11] 邓国胜,等.事业单位治理结构与绩效评估.北京:北京大学出版社,2008.

[12] 方贤忠.如何说课.上海:华东师范大学出版社,2008.

[13] 费根堡姆.全面质量管理.杨文士,译.北京:机械工业出版社,1991.

[14] 冯晓霞.幼儿园课程.北京:北京师范大学出版社,2001.

[15] 冯忠良,等.教育心理学.北京:人民教育出版社,2004.

[16] 郝大海.社会调查研究方法.北京:中国人民大学出版社,2005.

[17] 胡森,等.简明国际教育百科全书·教育测量与评价.许建钺,等,编译.北京:教育科学出版社,1992.

[18] 胡中锋.教育评价学.北京:中国人民大学出版社,2008.

[19] 黄显华,等.课程领导与校本课程发展.北京:教育科学出版社,2005.

[20] 季苹.美国公立学校的发展研究.北京:高等教育出版社,2002.

[21] 胡森,等.简明国际教育百科全书·课程.江山野,编译.北京:教育科学出版社,1991.

［22］教育部基础教育司.走进新课程——与课程实施者对话.北京:北京师范大学出版社,2002.

［23］杨东平.教育蓝皮书:中国教育发展报告(2009).北京:社会科学文献出版社,2010.

［24］靳玉乐.教育概论.重庆:重庆出版社,2006.

［25］瞿葆奎.教育评价.北京:人民教育出版社,1989.

［26］孔宪臣.统计学.郑州:河南人民出版社,2008.

［27］拉尔夫·泰勒.课程与教学的基本原理.施良方,译.北京:人民教育出版社,1994.

［28］李季湄.幼儿教育学基础.北京:北京师范大学出版社,1999.

［29］李明江.学校管理学.开封:河南大学出版社,2008.

［30］栗洪武,等.学校教育学.陕西:陕西师范大学出版社,2007.

［31］梁志燊.中国学前教育百科全书·教育理论卷.沈阳:沈阳出版社,1995.

［32］廖哲勋.课程学.武汉:华中师范大学出版社,1991.

［33］刘金礼.特殊教育导论.北京:教育科学出版社,2003.

［34］刘京海.成功教育.福州:福建教育出版社,2001.

［35］刘克兰.教学论.重庆:西南师范大学出版社,1988.

［36］刘维良.教师心理卫生.北京:知识产权出版社,1999.

［37］刘以林,等.素质教育的基本理论.北京:华语教学出版社,1996.

［38］马克斯·范梅南.教学机智——教育智慧的意蕴.李树英,译.北京:教育科学出版社,2001.

［39］马三生,等.统计学原理.北京:冶金工业出版社,2008.

［40］上海中小学课程教材改革委员会办公室,上海市教育委员会教学研究室.面向21世纪中小学新课程方案和各学科教育改革行动纲领(研究报告).上海:上海教育出版社,1999.

［41］皮连生.教育心理学.上海:上海教育出版社,2004.

［42］乔伊斯,等.教学模式.荆建华,等,译.北京:中国轻工业出版社,

2009.

［43］上海市教育委员会.上海市学前教育课程指南(试行稿).上海:上海教育出版社,2004.

［44］沈毅,等.课堂观察——走向专业的听评课.上海:华东师范大学出版社,2008.

［45］施良方.课程理论——课程的基础、原理与问题.北京:教育科学出版社,1996.

［46］石伟平.比较职业教育.上海:华东师范大学出版社,2001.

［47］陶保平,等.教育调查.上海:华东师范大学出版社,2005.

［48］涂艳国.教育评价.北京:高等教育出版社,2007.

［49］王斌华.教师评价:绩效管理与专业发展.上海:上海教育出版社,2005.

［50］王斌华.发展性教师评价制度.上海:华东师范大学出版社,1998.

［51］王春燕,等.幼儿园课程论.北京:新时代出版社,2005.

［52］王景英.教育评价.北京:中央广播电视大学出版社,2007.

［53］王善迈.教育经济学简明教程.北京:高等教育出版社,2000.

［54］吴刚平.校本课程开发.成都:四川教育出版社,2002.

［55］吴钢.公共事业评价.上海:上海教育出版社,2003.

［56］熊川武,等.理解教育论.北京:教育科学出版社,2005.

［57］徐国庆.职业教育课程论.上海:华东师范大学出版社,2008.

［58］徐国庆.实践导向职业教育课程研究.上海:上海教育出版社,2005.

［59］杨小微,等.教学论.北京:人民教育出版社,2007.

［60］有宝华.综合课程论.上海:上海教育出版社,2002.

［61］虞永平.幼儿园课程园本化理论与实践的研究.上海:上海教育出版社,2004.

［62］袁振国,等.当代教育学.北京:教育科学出版社,2004.

［63］张华.课程与教学论.上海:上海教育出版社,2001.

［64］张理艺,等.智力障碍.北京:人民卫生出版社,2009.

[65] 中国超常儿童追踪研究协作组.智蕾初绽——超常儿童追踪研究.西宁:青海人民出版社,1984.

[66] 钟启泉.课程与教学论.上海:上海教育出版社,2000.

[67] 钟启泉.现代课程论.新版.上海:上海教育出版社,2003.

[68] 朱德全,等.现代教育统计与测评技术.重庆:西南师范大学出版社,1998.

[69] 朱小蔓,等.教育职场:教师的道德成长.北京:教育科学出版社,2004.

[70] 朱钰,等.统计学.西安:西北工业大学出版社,2009.

[71] 祝士媛.中国学前教育百科全书·学科教育卷.沈阳:沈阳出版社,1995.

中文索引

C

CIPP 模式（CIPP Moshi） 12

CSE 模式（CSE Moshi） 13

M

MES 课程（MES Kecheng） 87

A

案例教学（Anli Jiaoxue） 73

B

办学理念（Banxue Linian） 41

办学模式（Banxue Moshi） 42

办学目标（Banxue Mubiao） 42

办学水平（Banxue Shuiping） 42

办学水平评估（Banxue Shuiping Pinggu） 44

办学特色（Banxue Tese） 43

办学条件（Banxue Tiaojian） 42

保教结合（Bao-jiao Jiehe） 48

毕业率（Biyelü） 39

边缘课程（Bianyuan Kecheng） 66

标准（Biaozhun）	29
标准化测验（Biaozhunhua Ceyan）	23
表现性评价（Biaoxianxing Pingjia）	102

C

测验（Ceyan）	23
场景教学（Changjing Jiaoxue）	73
常模（Changmo）	24
常态评估（Changtai Pinggu）	22
超常儿童（Chaochang Ertong）	51
成功教育（Chenggong Jiaoyu）	95
成人中等专业学校（Chengren Zhongdeng Zhuanye Xuexiao）	77
抽样（Chouyang）	25
创新能力（Chuangxin Nengli）	53
创造性思维（Chuangzaoxing Siwei）	52
创造性学力（Chuangzaoxing Xueli）	53

D

档案袋评价（Dang'andai Pingjia）	51
调查（Diaocha）	31
顶岗实习（Dinggang Shixi）	80
订单培养（Dingdan Peiyang）	80
定量方法（Dingliang Fangfa）	27
定性方法（Dingxing Fangfa）	28
督导报告（Dudao Baogao）	36
督导评估（Dudao Pinggu）	35
督导条例（Dudao Tiaoli）	34
督导制度（Dudao Zhidu）	35

督学（Duxue） 36
督政（Duzheng） 36
对手评价模式（Duishou Pingjia Moshi） 14
多元化评价（Duoyuanhua Pingjia） 103
多元智能理论（Duoyuan Zhineng Lilun） 100

E

儿童成长记录（Ertong Chengzhang Jilu） 51
二期课改（Er Qi Kegai） 62

F

发散性思维（Fasanxing Siwei） 52
发展性评价（Fazhanxing Pingjia） 103
发展性学力（Fazhanxing Xueli） 53
访谈（Fangtan） 31
非智力因素（Feizhili Yinsu） 54

G

刚性指标（Gangxing Zhibiao） 30
岗位（Gangwei） 90
岗位群（Gangweiqun） 91
高级技工学校（Gaoji Jigong Xuexiao） 76
高中国际课程（Gaozhong Guoji Kecheng） 70
高中教育多样化发展（Gaozhong Jiaoyu Duoyanghua Fazhan） 95
个体内差异评价（Getinei Chayi Pingjia） 22
工学结合（Gong-xue Jiehe） 80
公办学校（Gongban Xuexiao） 45
公共基础课程（Gonggong Jichu Kecheng） 84

公共基础课教师（Gonggong Jichuke Jiaoshi） 88
观课（Guanke） 32
国际部（Guojibu） 47
国际理解教育（Guoji Lijie Jiaoyu） 96
国际数学与科学评价项目（TIMSS）（Guoji Shuxue yu Kexue Pingjia Xiangmu） 104
国际学生评估项目（PISA）（Guoji Xuesheng Pinggu Xiangmu） 106
国家级重点中等职业学校（Guojiaji Zhongdian Zhongdeng Zhiye Xuexiao） 77
国家中等职业教育改革发展示范学校（Guojia Zhongdeng Zhiye Jiaoyu Gaige Fazhan Shifan Xuexiao） 78

H

合格率（Hegelü） 39
合格评估（Hege Pinggu） 19
合作学习（Hezuo Xuexi） 56
核心课程（Hexin Kecheng） 66
活动课程（Huodong Kecheng） 67

J

基础教育课程改革（Jichu Jiaoyu Kecheng Gaige） 60
基础教育质量监测（Jichu Jiaoyu Zhiliang Jiance） 7
基础型课程（Jichuxing Kecheng） 67
基础性学力（Jichuxing Xueli） 53
基于观察的评价（Jiyu Guancha de Pingjia） 50
基准（Jizhun） 29
绩效评价（Jixiao Pingjia） 103
绩效指标（Jixiao Zhibiao） 31

词条	页码
家校合作（Jia-xiao Hezuo）	44
价值判断（Jiazhi Panduan）	6
兼任教师（Jianren Jiaoshi）	56
建构主义学习理论（Jian'gou Zhuyi Xuexi Lilun）	100
鉴赏评价模式（Jianshang Pingjia Moshi）	14
奖惩性教师评价（Jiangchengxing Jiaoshi Pingjia）	57
交互评价模式（Jiaohu Pingjia Moshi）	14
教师教育标准（Jiaoshi Jiaoyu Biaozhun）	58
教师人格魅力（Jiaoshi Renge Meili）	58
教师职业道德（Jiaoshi Zhiye Daode）	58
教师职业倦怠（Jiaoshi Zhiye Juandai）	58
教师专业发展（Jiaoshi Zhuanye Fazhan）	58
教师专业技术职称（Jiaoshi Zhuanye Jishu Zhicheng）	59
教师资格（Jiaoshi Zige）	59
教师自我效能感（Jiaoshi Ziwo Xiaonenggan）	59
教学大纲（Jiaoxue Dagang）	71
教学反馈（Jiaoxue Fankui）	71
教学方法（Jiaoxue Fangfa）	71
教学模式（Jiaoxue Moshi）	72
教学能力（Jiaoxue Nengli）	60
教学设计（Jiaoxue Sheji）	72
教学视导（Jiaoxue Shidao）	37
教学效果（Jiaoxue Xiaoguo）	72
教学效率（Jiaoxue Xiaolü）	72
教育部基础教育质量监测项目（Jiaoyubu Jichu Jiaoyu Zhiliang Jiance Xiangmu）	105
教育测量（Jiaoyu Celiang）	24
教育方针（Jiaoyu Fangzhen）	5

词条	页码
教育公建配套（Jiaoyu Gongjian Peitao）	37
教育公平（Jiaoyu Gongping）	94
教育公用经费（Jiaoyu Gongyong Jingfei）	38
教育观（Jiaoyuguan）	1
教育机智（Jiaoyu Jizhi）	60
教育价值（Jiaoyu Jiazhi）	4
教育利益相关者（Jiaoyu Liyi Xiangguanzhe）	7
教育目标（Jiaoyu Mubiao）	5
教育目的（Jiaoyu Mudi）	4
教育评估（Jiaoyu Pinggu）	8
教育评价（Jiaoyu Pingjia）	8
教育评价报告（Jiaoyu Pingjia Baogao）	12
教育评价档案（Jiaoyu Pingjia Dang'an）	12
教育评价方案（Jiaoyu Pingjia Fang'an）	10
教育评价功能（Jiaoyu Pingjia Gongneng）	9
教育评价观（Jiaoyu Pingjiaguan）	3
教育评价计划（Jiaoyu Pingjia Jihua）	10
教育评价结果（Jiaoyu Pingjia Jieguo）	11
教育评价结论（Jiaoyu Pingjia Jielun）	11
教育评价客体（Jiaoyu Pingjia Keti）	10
教育评价模式（Jiaoyu Pingjia Moshi）	12
教育评价实施（Jiaoyu Pingjia Shishi）	10
教育评价信息（Jiaoyu Pingjia Xinxi）	11
教育评价原则（Jiaoyu Pingjia Yuanze）	9
教育评价主体（Jiaoyu Pingjia Zhuti）	9
教育水平（Jiaoyu Shuiping）	38
教育问责（Jiaoyu Wenze）	94
教育效益（Jiaoyu Xiaoyi）	5

教育质量（Jiaoyu Zhiliang） 6

教育质量保障（Jiaoyu Zhiliang Baozhang） 6

教育质量观（Jiaoyu Zhiliangguan） 3

教育资源（Jiaoyu Ziyuan） 43

接收外国学生学校（Jieshou Waiguo Xuesheng Xuexiao） 47

就近入学（Jiujin Ruxue） 41

就业导向（Jiuye Daoxiang） 78

决策定向评价模式（Juece Dingxiang Pingjia Moshi） 14

绝对评价（Juedui Pingjia） 18

K

考试（Kaoshi） 23

课程标准（Kecheng Biaozhun） 64

课程化环境（Kechenghua Huanjing） 64

课程计划（Kecheng Jihua） 64

课程开发（Kecheng Kaifa） 65

课程领导力（Kecheng Lingdaoli） 65

课程评价（Kecheng Pingjia） 65

课程实施（Kecheng Shishi） 65

课程整合（Kecheng Zhenghe） 66

课程执行力（Kecheng Zhixingli） 65

课堂观察（Ketang Guancha） 33

课堂教学评价（Ketang Jiaoxue Pingjia） 73

课外活动（Kewai Huodong） 67

课业负担（Keye Fudan） 44

L

理解教育（Lijie Jiaoyu） 96

两纲教育（Liang Gang Jiaoyu） 63
遴选评估（Linxuan Pinggu） 20
流失率（Liushilü） 39

M

毛入学率（Mao Ruxuelü） 40
民办学校（Minban Xuexiao） 46
民族精神教育（Minzu Jingshen Jiaoyu） 97
模糊评价（Mohu Pingjia） 26
模拟教学（Moni Jiaoxue） 73
目标分解法（Mubiao Fenjiefa） 28
目标游离模式（Mubiao Youli Moshi） 15

N

内部评价（Neibu Pingjia） 18
能力本位（Nengli Benwei） 78
能力本位课程（CBC）（Nengli Benwei Kecheng） 85

P

批判性思维（Pipanxing Siwei） 52
品德评价模式（Pinde Pingjia Moshi） 15
评价标准（Pingjia Biaozhun） 29
评价基准（Pingjia Jizhun） 29
评价量表（Pingjia Liangbiao） 25
评价指标（Pingjia Zhibiao） 30
普特融合（Pu-te Ronghe） 49

Q

情境学习理论（Qingjing Xuexi Lilun）	100
区分度（Qufendu）	26
区域活动（Quyu Huodong）	48
全面质量管理（Quanmian Zhiliang Guanli）	101
全纳教育（Quanna Jiaoyu）	96

R

人本主义学习理论（Renben Zhuyi Xuexi Lilun）	101
人才观（Rencaiguan）	1
人工神经网络评价（Rengong Shenjing Wangluo Pingjia）	27
认证（Renzheng）	8
认知能力发展水平（Renzhi Nengli Fazhan Shuiping）	54
柔性指标（Rouxing Zhibiao）	30
入学率（Ruxuelü）	40

S

三明治课程（Sanmingzhi Kecheng）	86
社会评估（Shehui Pinggu）	20
审核（Shenhe）	8
升学率（Shengxuelü）	40
生均经费（Sheng Jun Jingfei）	38
生命教育（Shengming Jiaoyu）	97
生涯规划教育（Shengya Guihua Jiaoyu）	44
师生比（Shi-sheng Bi）	38
实践能力（Shijian Nengli）	54
实践指导教师（Shijian Zhidao Jiaoshi）	88

实习(Shixi)	91
实训(Shixun)	92
实训工位(Shixun Gongwei)	93
实训基地(Shixun Jidi)	92
实训课程(Shixun Kecheng)	85
实训模块(Shixun Mokuai)	93
实训室(Shixunshi)	92
实验(Shiyan)	92
世界教育促进联盟(AdvancED)(Shijie Jiaoyu Cujin Lianmeng)	106
试点评估(Shidian Pinggu)	21
双基教育(Shuangji Jiaoyu)	63
双师型教师(Shuangshixing Jiaoshi)	89
双向细目表(Shuangxiang Ximubiao)	25
双语学校(Shuangyu Xuexiao)	46
双元制课程(Shuangyuanzhi Kecheng)	86
双证融通(Shuangzheng Rongtong)	81
说课(Shuoke)	32
司法评价模式(Sifa Pingjia Moshi)	15
斯塔克模式(Sitake Moshi)	15
素质教育(Suzhi Jiaoyu)	99
随班就读(Suiban Jiudu)	49

T

泰勒模式(Taile Moshi)	16
特尔斐法(Teerfei Fa)	28
替代性评价(Tidaixing Pingjia)	27
同行评价(Tonghang Pingjia)	20
统计(Tongji)	24

通信评估(Tongxin Pinggu)	21
头脑风暴法(Tounao Fengbaofa)	28
拓展型课程(Tuozhanxing Kecheng)	67

W

外部评价(Waibu Pingjia)	18
外籍人员子女学校(Waiji Renyuan Zinü Xuexiao)	46
外聘(兼职)教师[Waipin(Jianzhi)Jiaoshi]	88
玩教具(Wan-jiaoju)	49
网上评估(Wangshang Pinggu)	21
微格教学(Weige Jiaoxue)	74
微格评价法(Weige Pingjiafa)	29
问卷(Wenjuan)	32

X

显性课程(Xianxing Kecheng)	68
现场考察(Xianchang Kaocha)	33
相对评价(Xiangdui Pingjia)	19
项目教学(Xiangmu Jiaoxue)	74
消费者导向模式(Xiaofeizhe Daoxiang Moshi)	16
效度(Xiaodu)	26
校本课程(Xiaoben Kecheng)	69
校本研修(Xiaoben Yanxiu)	57
校长职级制(Xiaozhang Zhijizhi)	57
校企合作(Xiao-qi Hezuo)	79
校园文化(Xiaoyuan Wenhua)	43
新基础教育(Xin Jichu Jiaoyu)	98
新教育实验(Xin Jiaoyu Shiyan)	98

信度(Xindu) 26

形成性评价(Xingchengxing Pingjia) 17

行动观察(Xingdong Guancha) 33

需求评估(Xuqiu Pinggu) 22

选优评估(Xuanyou Pinggu) 19

学科课程(Xueke Kecheng) 69

学区(Xuequ) 40

学生参与式评价(Xuesheng Canyushi Pingjia) 50

学生观(Xueshengguan) 2

学习产出(Xuexi Chanchu) 55

学习共同体(Xuexi Gongtongti) 57

学习观(Xuexiguan) 2

学习投入度(Xuexi Tourudu) 55

学习习惯(Xuexi Xiguan) 55

学习型组织(Xuexixing Zuzhi) 101

学校定位评估(Xuexiao Dingwei Pinggu) 45

学校发展规划(Xuexiao Fazhan Guihua) 43

学校风险评估(Xuexiao Fengxian Pinggu) 45

学校管理(Xuexiao Guanli) 43

学校绩效评价(Xuexiao Jixiao Pingjia) 103

学校教育制度(Xuexiao Jiaoyu Zhidu) 4

学业水平(Xueye Shuiping) 55

Y

研究(探究)型课程[Yanjiu(Tanjiu)xing Kecheng] 68

一期课改(Yi Qi Kegai) 61

轶事记录(Yishi Jilu) 32

义务教育均衡发展(Yiwu Jiaoyu Junheng Fazhan) 94

词条	页码
隐性课程（Yinxing Kecheng）	68
应答模式（Yingda Moshi）	16
应试教育（Yingshi Jiaoyu）	99
游戏（Youxi）	49
愉快教育（Yukuai Jiaoyu）	97
元评价（Yuanpingjia）	8
园本化课程（Yuanbenhua Kecheng）	69

Z

词条	页码
择校（Zexiao）	41
增值评价（Zengzhi Pingjia）	104
诊断性评价（Zhenduanxing Pingjia）	17
真实性任务评价（Zhenshixing Renwu Pingjia）	104
政府评估（Zhengfu Pinggu）	20
整体评价（Zhengti Pingjia）	21
知识观（Zhishiguan）	3
知识结构（Zhishi Jiegou）	55
职教集团（Zhijiao Jituan）	79
职教中心（Zhijiao Zhongxin）	77
职业（Zhiye）	89
职业高中（Zhiye Gaozhong）	76
职业技能鉴定等级（Zhiye Jineng Jianding Dengji）	90
职业培训（Zhiye Peixun）	75
职业生涯教育（Zhiye Shengya Jiaoyu）	87
职业资格证书（Zhiye Zige Zhengshu）	90
指标（Zhibiao）	30
指标量化（Zhibiao Lianghua）	31
指标权重（Zhibiao Quanzhong）	30

词条	页码
智力因素（Zhili Yinsu）	54
智障儿童（Zhizhang Ertong）	52
中等职业教育（Zhongdeng Zhiye Jiaoyu）	75
中等专业学校（Zhongdeng Zhuanye Xuexiao）	76
中高职贯通培养（Zhong-gaozhi Guantong Peiyang）	81
终身学习（Zhongshen Xuexi）	102
专门化方向课程（Zhuanmenhua Fangxiang Kecheng）	85
专任（专职）教师［Zhuanren（Zhuanzhi）Jiaoshi］	89
专任教师（Zhuanren Jiaoshi）	56
专项督导（Zhuanxiang Dudao）	37
专业（Zhuanye）	82
专业（技能）方向［Zhuanye（Jineng）Fangxiang］	82
专业（学科）带头人［Zhuanye（Xueke）Daitouren］	89
专业布局（Zhuanye Buju）	82
专业核心课程（Zhuanye Hexin Kecheng）	84
专业教学标准（Zhuanye Jiaoxue Biaozhun）	84
专业结构（Zhuanye Jiegou）	83
专业课教师（Zhuanyeke Jiaoshi）	87
专业目录（Zhuanye Mulu）	81
专业群（Zhuanyequn）	83
专用活动室（Zhuanyong Huodongshi）	48
转制学校（Zhuanzhi Xuexiao）	46
自然角（Ziranjiao）	48
自我评价（Ziwo Pingjia）	20
综合课程（Zonghe Kecheng）	69
综合素质评价（Zonghe Suzhi Pingjia）	50
总结性评价（Zongjiexing Pingjia）	17
座谈（Zuotan）	32

英文索引

A

Absolute evaluation（绝对评价） 18
Accreditation（认证） 8
Activity curriculum（活动课程） 67
Administrative assessment（政府评估） 20
Adult technical secondary school（成人中等专业学校） 77
Advancing excellence in education worldwide, AdvancED（世界教育促进联盟） 106
Adversary evaluation model（对手评价模式） 14
Agent of educational evaluation（教育评价主体） 9
Alternative evaluation（替代性评价） 27
Anecdotal record（轶事记录） 32
Artificial neural network evaluation（人工神经网络评价） 27
Assessment for school orientation（学校定位评估） 45
Assessment for school-running（办学水平评估） 44
Assessment via correspondence（通信评估） 21
Audit（审核） 8

B

Basic curriculum（基础型课程） 67
Basic education curricular reform（基础教育课程改革） 60

Basic learning competence(基础性学力)	53
Behavior cvaluation(表现性评价)	102
Behavior observation(行动观察)	33
Benchmark(基准)	29
Bilingual school(双语学校)	46
Brainstorming method(头脑风暴法)	28

C

Campus culture(校园文化)	43
Career design education(生涯规划教育)	44
Career education(职业生涯教育)	87
Case teaching(案例教学)	73
CIPP model(CIPP 模式)	12
Classroom evaluation(课堂教学评价)	73
Classroom observation(观课)	32
Competency-based(能力本位)	78
Competency-Based Course,CBC(能力本位课程)	85
Comprehensive curriculum(综合课程)	69
Comprehensive quality evaluation(综合素质评价)	50
Concept of knowledge(知识观)	3
Concept of learning(学习观)	2
Concept of student(学生观)	2
Concept of talent(人才观)	1
Conditions of school-running(办学条件)	42
Connoisseurship evaluation model(鉴赏评价模式)	14
Constructivist learning theory(建构主义学习理论)	100
Consumer-oriented model(消费者导向模式)	16
Contextual learning theory(情境学习理论)	100

Contextual teaching（场景教学） 73

Converted school（转制学校） 46

Cooperation between family and school（家校合作） 44

Cooperative learning（合作学习） 56

Core curriculum（核心课程） 66

Corner activity（区域活动） 48

Creative learning competence（创造性学力） 53

Creative thinking（创造性思维） 52

Critical thinking（批判性思维） 52

CSE model（CSE 模式） 13

Curricular standard（课程标准） 64

Curriculum development（课程开发） 65

Curriculum enforcement（课程执行力） 65

Curriculum evaluation（课程评价） 65

Curriculum implementation（课程实施） 65

Curriculum integration（课程整合） 66

Curriculum leadership（课程领导力） 65

Curriculum planning（课程计划） 64

D

Decision-oriented model（决策定向评价模式） 14

Delphi method（特尔斐法） 28

Demand assessment（需求评估） 22

Demonstration schools of national reform and development in secondary vocational education（国家中等职业教育改革发展示范学校） 78

Development level of cognitive ability（认知能力发展水平） 54

Development plan of school（学校发展规划） 43

Developmental learning competence（发展性学力） 53

Development-oriented evaluation(发展性评价)	103
Diagnostic evaluation(诊断性评价)	17
Discipline leader［专业(学科)带头人］	89
Discriminability(区分度)	26
Divergent thinking(发散性思维)	52
Diversification of senior high school education(高中教育多样化发展)	95
Double-certificate integration(双证融通)	81
Dropout rate(流失率)	39
Dual-qualified teacher(双师型教师)	89
Dual-script system course(双元制课程)	86

E

Education for basic knowledge and skill(双基教育)	63
Education for international understanding(国际理解教育)	96
Education inspector(督学)	36
Education level(教育水平)	38
Education measurement(教育测量)	24
Educational accountability(教育问责)	94
Educational administration supervision(督政)	36
Educational assessment(教育评估)	8
Educational effectiveness(教育效益)	5
Educational equality(教育公平)	94
Educational evaluation(教育评价)	8
Educational evaluation conclusion(教育评价结论)	11
Educational evaluation file(教育评价档案)	12
Educational evaluation function(教育评价功能)	9
Educational evaluation implementation(教育评价实施)	10
Educational evaluation information(教育评价信息)	11

Educational evaluation model（教育评价模式）	12
Educational evaluation plan（教育评价计划）	10
Educational evaluation principle（教育评价原则）	9
Educational evaluation report（教育评价报告）	12
Educational evaluation result（教育评价结果）	11
Educational evaluation scheme（教育评价方案）	10
Educational goal（教育目标）	5
Educational guideline（教育方针）	5
Educational objective（教育目的）	4
Educational quality（教育质量）	6
Educational quality assurance（教育质量保障）	6
Educational resource（教育资源）	43
Educational stakeholder（教育利益相关者）	7
Educational value（教育价值）	4
Educational views（教育观）	1
Edutainment toy（玩教具）	49
Elementary education quality monitoring（基础教育质量监测）	7
Employment orientation（就业导向）	78
Enrollment according to the school district（就近入学）	41
Enrollment rate（入学率）	40
Environment as part of a curriculum（课程化环境）	64
Evaluation benchmark（评价基准）	29
Evaluation by (electronic) portfolio［(电子)档案袋评价］	51
Evaluation indicator（评价指标）	30
Evaluation of school performance（学校绩效评价）	103
Evaluation scale（评价量表）	25
Evaluation standard（评价标准）	29
Evaluation with student participation（学生参与式评价）	50

Even development of compulsory education（义务教育均衡发展） 94
Examination（考试） 23
Exam-oriented education（应试教育） 99
Expenditure per student（生均经费） 38
Experiment（实验） 92
Explicit curriculum（显性课程） 68
Extensive curriculum（拓展型课程） 67
External evaluation（外部评价） 18
External（part-time）teacher［外聘（兼职）教师］ 88
Extracurricular activities（课外活动） 67

F

Flexible indicator（柔性指标） 30
Focus group discussion（座谈） 32
Formative evaluation（形成性评价） 17
Full-time teacher（专任教师） 56
Fusion of regular and special education（普特融合） 49
Fuzzy evaluation（模糊评价） 26

G

Game for children（游戏） 49
General education course teacher（公共基础课教师） 88
General evaluation（整体评价） 21
General required course（公共基础课程） 84
Gifted child（超常儿童） 51
Goal-free model（目标游离模式） 15
Graduation rate（毕业率） 39
Gross enrollment rate（毛入学率） 40

H

Happy education（愉快教育）	97
Humanist learning theory（人本主义学习理论）	101

I

Implicit curriculum（隐性课程）	68
Inclusive education（全纳教育）	96
Indicator（指标）	30
Indicator quantification（指标量化）	31
Indicator weight（指标权重）	30
Innovative ability（创新能力）	53
Input in learning（学习投入度）	55
Integrated training of secondary and higher vocational education（中高职贯通培养）	81
Integration of care and education（保教结合）	48
Intelligence factor（智力因素）	54
Internal evaluation（内部评价）	18
International division（国际部）	47
Internship（实习）	91
Interview（访谈）	31
Intra-individual evaluation（个体内差异评价）	22
Investigation（调查）	31

J

Judicial evaluation model（司法评价模式）	15

K

Kindergarten-based curriculum（园本化课程）	69
Knowledge structure（知识结构）	55

L

Learning community（学习共同体）	57
Learning habit（学习习惯）	55
Learning in regular class（随班就读）	49
Learning level（学业水平）	55
Learning organization（学习型组织）	101
Level of professional skill appraisal（职业技能鉴定等级）	90
Life education（生命教育）	97
Life education and national spirit education（两纲教育）	63
Lifelong learning（终身学习）	102

M

Management of school（学校管理）	43
Mentally challenged child（智障儿童）	52
Meta-evaluation（元评价）	8
Micro-evaluating method（微格评价法）	29
Microteaching（微格教学）	74
Model of school-running（办学模式）	42
MES course（MES 课程）	87
Morality evaluation model（品德评价模式）	15
Multiple evaluation（多元化评价）	103
Multiple intelligences theory（多元智能理论）	100

N

National key secondary vocational school（国家级重点中等职业学校）	77
National quality evaluation program of basic education（教育部基础教育质量监测项目）	105
National spirit education（民族精神教育）	97
Natural corner in kindergarten（自然角）	48
New basic education（新基础教育）	98
New education experiment（新教育实验）	98
Non-intelligence factor（非智力因素）	54
Norm（常模）	24

O

Object of educational evaluation（教育评价客体）	10
Objective of school-running（办学目标）	42
Observation-based evaluation（基于观察的评价）	50
Occupational boredom of teacher（教师职业倦怠）	58
Online assessment（网上评估）	21
On-site visit（现场考察）	33
Oral interpretation of teaching（说课）	32
Order-based training（订单培养）	80
Output in learning（学习产出）	55

P

Part-time teacher（兼任教师）	56
Pedagogical tact（教育机智）	60
Peer evaluation（同行评价）	20
Performance evaluation（绩效评价）	103

Performance indicator（绩效指标）	31
Peripheral curriculum（边缘课程）	66
Personality charm of teacher（教师人格魅力）	58
Pilot assessment（试点评估）	21
Post（岗位）	90
Post group（岗位群）	91
Post internship（顶岗实习）	80
Practical ability（实践能力）	54
Practice guidance teacher（实践指导教师）	88
Private school（民办学校）	46
Profession（职业）	89
Professional development of teacher（教师专业发展）	58
Professional ethics of teacher（教师职业道德）	58
Professional qualification certificate（职业资格证书）	90
Professional title of teacher（教师专业技术职称）	59
Program for International Student Assessment, PISA（国际学生评估项目）	106
Program/Specialty（专业）	82
Program/Specialty directory（专业目录）	81
Project-based teaching（项目教学）	74
Promotion rate（升学率）	40
Public educational facility for community（教育公建配套）	37
Public funding for education（教育公用经费）	38
Public school（公办学校）	45

Q

Qualification assessment（合格评估）	19
Qualitative method（定性方法）	28
Quality-oriented education（素质教育）	99

Quantitative method（定量方法）	27
Questionnaire（问卷）	32

R

Ranking system for principal（校长职级制）	57
Rate of qualified graduates（合格率）	39
Real task evaluation（真实性任务评价）	104
Record of children's development（儿童成长记录）	51
Relative evaluation（相对评价）	19
Reliability（信度）	26
Research-based curriculum［研究（探究）型课程］	68
Responsive model（应答模式）	16
Rigid indicator（刚性指标）	30
Routine check（常态评估）	22

S

Sampling（抽样）	25
Sandwich course（三明治课程）	86
School admitting foreign children（接收外国学生学校）	47
School district（学区）	40
School education system（学校教育制度）	4
School for children of foreign nationals in China（外籍人员子女学校）	46
School risk assessment（学校风险评估）	45
School selection（择校）	41
School-based curriculum（校本课程）	69
School-based study（校本研修）	57
School-enterprise cooperation（校企合作）	79
School-running characteristics（办学特色）	43

School-running level(办学水平)	42
School-running philosophy(办学理念)	41
Schoolwork load(课业负担)	44
Screening assessment(遴选评估)	20
Secondary vocational education(中等职业教育)	75
Selective assessment(选优评估)	19
Self-evaluation(自我评价)	20
Senior high school international curriculum(高中国际课程)	70
Simulation teaching(模拟教学)	73
Social assessment(社会评估)	20
Special function room(专用活动室)	48
Specialization[专业(技能)方向]	82
Specialty core course(专业核心课程)	84
Specialty course teacher(专业课教师)	87
Specialty grouping(专业群)	83
Specialty planning(专业布局)	82
Specialty/Program structure(专业结构)	83
Specialty-specific course(专门化方向课程)	85
Specialty-specific teaching standard(专业教学标准)	84
Specific supervision(专项督导)	37
Stake model(斯塔克模式)	15
Standard(标准)	29
Standardized test(标准化测验)	23
Standards for teacher education(教师教育标准)	58
Statistics(统计)	24
Student-teacher ratio(师生比)	38
Subject curriculum(学科课程)	69
Success education(成功教育)	95

Summative evaluation(总结性评价) 17
Supervision assessment(督导评估) 35
Supervision regulation(督导条例) 34
Supervision report(督导报告) 36
Supervision system(督导制度) 35
Syllabus(教学大纲) 71

T

Target decomposition method(目标分解法) 28
Teacher qualification(教师资格) 59
Teacher's perceived self-efficacy(教师自我效能感) 59
Teaching ability(教学能力) 60
Teaching design(教学设计) 72
Teaching effect(教学效果) 72
Teaching efficiency(教学效率) 72
Teaching feedback(教学反馈) 71
Teaching inspection(教学视导) 37
Teaching method(教学方法) 71
Teaching model(教学模式) 72
Technical secondary school(中等专业学校) 76
Technical senior school(高级技工学校) 76
Test(测验) 23
The first round of curricular reform(一期课改) 61
The second round of curricular reform(二期课改) 62
The teacher evaluation system for accountability(奖惩性教师评价) 57
Total quality management(全面质量管理) 101
Training(实训) 92
Training base(实训基地) 92

Training course(实训课程)	85
Training location(实训工位)	93
Training module(实训模块)	93
Training room/Simulant teach room(实训室)	92
Transactional evaluation model(交互评价模式)	14
Trends in International Mathematics and Science Study,TIMSS(国际数学与科学评价项目)	104
Two-way checklist(双向细目表)	25
Tyler model(泰勒模式)	16

U

Understanding education(理解教育)	96

V

Validity(效度)	26
Value judgment(价值判断)	6
Value-added evaluation(增值评价)	104
Views of educational evaluation(教育评价观)	3
Views of educational quality(教育质量观)	3
Vocational education center(职教中心)	77
Vocational education group(职教集团)	79
Vocational high school(职业高中)	76
Vocational training(职业培训)	75

W

Work-integrated learning(工学结合)	80

后　　记

  本书是上海市教育评估院基础教育评估事务所发起、职业与成人教育评估事务所和教育评估研究所的专业人员合作开展课题研究的成果。两年多来，编写组全体成员一起学习、研究、查找资料、讨论辨析、撰写推敲，大家互相帮助，共同提高。郭朝红、俎媛媛、方乐、陈滔宏利用假期为全书词条目录作了英文翻译。大家牺牲业余时间，付出了辛勤的劳动，也得到了理论和专业上的提升，印证了"一分耕耘，一分收获"的道理。

  我们的研究和编写工作有幸得到了国家督学、上海市教委尹后庆副主任的关心。上海市政府教育督导室杨国顺主任、上海市教委基础教育处倪闽景处长、职业教育处王向群处长、上海市教育学会秘书长许象国特级教师、上海市教科院普教所原所长傅禄健特级教师、华东师范大学职教专家徐国庆教授审阅了本书的初稿并提出了宝贵意见。华东师范大学外语学院梁超群教授欣然受邀，对词条目录的英文翻译作了认真审校。在此，一并表示深深的谢意！

本书编写组
2012 年 1 月

郑重声明

高等教育出版社依法对本书享有专有出版权。任何未经许可的复制、销售行为均违反《中华人民共和国著作权法》，其行为人将承担相应的民事责任和行政责任；构成犯罪的，将被依法追究刑事责任。为了维护市场秩序，保护读者的合法权益，避免读者误用盗版书造成不良后果，我社将配合行政执法部门和司法机关对违法犯罪的单位和个人进行严厉打击。社会各界人士如发现上述侵权行为，希望及时举报，本社将奖励举报有功人员。

反盗版举报电话　　（010）58581897　58582371　58581879
反盗版举报传真　　（010）82086060
反盗版举报邮箱　　dd@hep.com.cn
通信地址　　北京市西城区德外大街4号　高等教育出版社法务部
邮政编码　　100120